伊東恵深

法話のきほん

法藏館

はじめに

法話《ほうわ》とは何か。法話の原稿はどのように作るか。法話をする際に気をつけることは何か。本書は、このような「法話の〈きほん〉＝基本」についてお話ししたいと思います。

私が所属する浄土真宗の真宗大谷派では現在、「教師養成課程に法話実習の学びを導入することによって、法話ができる教師（僧侶）を育成する」という取り組みをおこなっています。この背景には、ご門徒《もんと》（檀家《だんか》）さんの側から私たち僧侶の〈法話力〉が厳しく問われているという現状があります。そしてこの問題は、何も真宗大谷派に限った話ではなく、浄土真宗他派や他宗においても同じように直面している問題だと思います。

私は、法話力とは「僧侶力」と「話力」の二つからなると思います。「僧侶力」は、僧侶として生きる力、生きざまそのものです。これは本を読んだからといって一朝一夕《いっちょういっせき》に養われるものではありません。またテクニックでどうにかなるものでもありません。日々、仏教や真宗の教えを自《みずか》らの課題として聞き続けていくなかで、自然に身についてくるものだと思います。

「話力」は、法話を聞き手にうまく届けるための話法、表現力です。これもすぐに身につくものではありません。実際に法話の現場に立ち、経験を積み重ね、長い年月をかけて磨《みが》いていくしかありません。

たとえば、どれだけ含蓄《がんちく》のある法話内容であったとしても、話があちこちに飛んだり、早口や小声で聞き取りにくかったり、自分勝手な話し方であれば、せっかくの法話も残念ながら聴衆の心どころか耳にさえ届きません。また、いかに話術が巧《たく》みであったとしても、中身がともなわなければ法話とはいえません。長年の修練と経験によって培《つちか》われた「僧侶力」と「話力」の両方が合わさることで、人の心に教えや思いを伝えられる法話ができるようになるのです。

しかし、そもそも**「法話の基本」を知らなければ、せっかくの「僧侶力」や「話力」も法話に活《い》かすことができません。**「法話のできる僧侶が少ない」といわれる原因として法話力不足が挙げられますが、土台となる法話の基礎をしっかり学ぶ機会が少ないことも、大きな要因ではないかと私は思います。法話の基本を知っていれば、たとえ歳が若くて経験が浅い者でも、仏法を学んで感じたことを自分の言葉で、そして聞く側のことを考えて話す工夫をすることで、拙《つたな》いながらも精一杯の思いを聴衆に届けることができるでしょう。

ところが、残念なことに、いざ学ぼうと思い立っても、法話の基本を学べるテキストがほとんどありません。高名な先生方の法話集や、法話の題材を集めた参考書はたくさんあります。また法話の手引きのような書物も散見します（本書128頁～の「参考資料」で紹介）。しかし、**法話の基本を初学の方を対象に、一からわかりやすく解説した書籍は、皆無といっていいと思います。**

そこで私は、「法話とは何か」「法話の原稿はどのように作るか」「法話をする際に気をつけることは何か」という最も基本的なことを、体系的にまとめた本書を執筆することにしました。これからはじめて法話に取り組む方、法話に苦手意識を持っている方、あるいは、ある程度経験があっても、自分の法話を見直したい方まで、広く活用していただけるような法話の基本、基礎をお話ししたいと思います。

私自身、ここに記したことを完璧にできているわけではありませんが、いずれも気をつけている基本的なことばかりです。浄土真宗に限らず他宗の方が読んでも、何か得るものがあるように執筆したつもりです。読者のみなさんのお役に立つことや、新たな発見につながる視点があれば、大変うれしく思います。

なお、教えを伝える方法には、歌や紙芝居、漫才や落語、絵解《えと》きや節談《ふしだん》説教、あるいは座談会など、いろいろな手段がありますが、本書では「お話」を通しておこなう一般的な法話を念頭において進めていきます。いずれの方法にしても、本書で紹介する法話の基礎が、その土台になることでしょう。

法話のきほん＊目次

おわりに

法話のきほん

理念篇

「法話」とは何か

第1章 仏法との出遇いを語る

そもそも法話とは何でしょうか。一言でいえば、文字通り「仏法の話をすること」です。仏法とは「仏さまの御法《おみのり》」ですから、仏の教え、あるいは浄土真宗の教えといい換えることができます。つまり法話とは、「阿弥陀さまやお釈迦さま、親鸞聖人の教えをお話しすること」です。

では、大学の講義のように、教義の説明や仏教語の解説をおこなえば法話になるでしょうか。TPO（時と場所と場合）にもよりますが、残念ながらそれだけでは法話とはいえないでしょう。

難解な教義や仏教語も、必要に応じて紹介したり説明したりしなければなりません。しかし、

法話において一番大切なことは、話し手が仏法に出遇《であ》った事実や感動、ときには苦悩や悲哀を、〈具体的に〉話すことです。具体的に話すことで聴衆の共感が得られ、話し手と聞き手が互いに響き合うことができるのです。難解で抽象的な話だけでは、聴衆は自分のこととして聞くことはできません。

「仏法との出遇いを語る」といっても、何も難しい話をする必要はありません。最初はどうしても、法話題材集や先輩僧侶の法話、インターネットで検索した例話など、見聞きした話の受け売りになることが多いかもしれません。

しかし、**自分の身に起きた身近なことを手がかりにして、私が感じたこと、思ったこと、心に響いたことを、自分の言葉で話すことが一番大切**です。それが〈具体的に〉ということです。お寺で生活している方は日々の月参りや法事、葬儀などを通して感じたことを、普段はお寺以外の仕事をしている方はその仕事を通じて思ったことを、家族がいる方は家族との関わりを通して実感したことを、それぞれ語ればいいのです。

ただし、ここで**気をつけるべき点**があります。

①たんに**日常の出来事や日頃思っていることを話すだけでは、それは法話ではなく感話《かんわ》であ**

り、ただの体験談です。法話という以上は、日々の経験が仏法（教え）に照らされた事実や気づき、そして照らしてくださった仏法そのものを語らなければなりません。

②法話の題材として、自分の身に起きたことだけでなく、新聞・雑誌の記事や、テレビ・ラジオなどで見聞きした情報を例に出すこともあります。そのこと自体はまったく問題ありませんが、社会問題を話題にする際に気をつけなければならないのは、往々にしてその事象を評論してしまう危険性があるということです。

仏法は世俗の価値観を超えた出世間《しゅっせけん》の教えです。ですから法話は、世間の出来事を例示しながらも、自身が出遇った出世間の教えを語らなければなりません。**世間の常識や善悪、倫理道徳を話すことが目的ではありません。**

③社会問題を取り上げる場合、他人事のように語ってしまう危険性もあります。繰り返しになりますが、**法話は自身が仏法に出遇った事実と出遇った仏法を、自分事として語ること**です。

「法話に善《よ》し悪《あ》しはない」（「仏さまの教え自体に良い悪いはない」という意味）といいます。本来はその通りですが、残念ながら、聴衆の側からすれば、**聞きづらくて共感できない法話**はあります。その典型を分類すると次のようになります。

(1)仏教語を多用して、意味を十分に嚙《か》み砕いて説明することもなく、難解で抽象的な話に終始している。

(2)日常の出来事や体験談をおもしろおかしく話すが、それだけにとどまり、仏法の話になっていない。こういう類《たぐい》の話は、話題があちこちに飛んで主題が明確でないことが多い。

(3)仏教の教えや法話者の考えを、上から目線で押しつける、あるいは説教じみた教訓的な話になっている。横柄《おうへい》な態度や口調になることがある。

いずれも法話としては不十分ですので、自己満足に終始することなく、自分が当てはまっていないか、よくよく考えなければなりません。

「話し上手は聞き上手」といいます。**法話の席は、話し手の考えを一方的に伝える場ではなく、聞き手との対話の場でもあります。**

第2章 法話と説教

先ほど、「聴衆にとって共感できない法話」の典型として、「説教じみた話」と述べました。「戒《いまし》める」とか「小言をいう」という通俗的な意味でもちいました。そもそも法話のことを「説教」ともいいますが、両者に違いはあるのでしょうか。まずは辞典で一般的な意味を確認してみましょう。

法話……仏法に関する話。説教。法談。

説教……宗教の教義・趣旨を説き聞かせること。教理を説いて人を導くこと。

（『広辞苑』第七版）

「説教」という言葉は、仏教に限らずキリスト教でも使います。法話よりも説教のほうが、

「教えを説いて人々を導く」という意味合いが強いように感じますが、これだけでは違いがよくわかりません。そこで、説教研究の第一人者である関山和夫《せきやまかずお》先生の考察によると、

「説教」というのは、仏教で経典や教義を説いて民衆を教化する行為であり、仏教の積極的な布教であると同時に、民衆の娯楽的要求を十分に受けとめるすぐれた芸能（話芸）でもあった。

（『説教の歴史――仏教と話芸』取意）

と解説しています。そして、現代の「法話」との差異を次のように指摘しています。

説教は決して現代法話のような学問的、論理的な性質のものではなく、芸能性豊かな感銘度の深い、ありがたくて面白いものであり、昔の説教を現代の寺院でおこなわれている「法話」から連想したら大間違いである。

（同前）

関山先生は、説教は人々の情念（感情）に訴えかける感銘の深いものであるのに対して、現代の法話は学問的・論理的であり、難解な大学の講義のようであるといいます。

たしかに、かつての説教師は喉《のど》から血が出るような厳しい修業をして声を鍛《きた》え、話法を極めたと聞きます。また現在、広く親しまれている落語は、僧侶による説教が起源だといわれています。

このように、かつては高座《こうざ》（聴衆が座る場よりも一段高く設けた席）に登壇しておこなうこ

とが一般的であった説教ですが、その娯楽的・芸能的要素が批判され、また大衆娯楽の多様化、生活環境の変化にしたがって次第に衰退し、演台と黒板をもちいておこなう法話へと変遷《へんせん》していきました（説教の歴史について、さらに詳しく知りたい方は、128頁〜の「参考資料」をご覧ください）。

現在は、演台と黒板をもちいた法話であっても、お寺によっては「説教」とか「布教」と称している場合もあります。捉え方は人によってさまざまですし、あまり意識して使い分けされていないこともありますが、説教と法話の成り立ちと歴史的変遷を踏《ふ》まえれば、両者は元来まったく異なるものです。

しかしながら私は、**現代に求められている法話は、説教と法話の長所を兼ね備えたものでなければならない**と考えます。どちらか一方に偏《かたよ》るのではなく、互いの長所を学び、短所と評される箇所を補い合い、両方の特徴を併《あわ》せ持った話、それがいま真に求められている法話だと思います。

説教はおもしろおかしく感激の涙を誘って話すことに主眼があるわけではありません。あくまで布教（教えを広めること）の一環であり、信心を味わうためのものです。法話は学問的・

論理的に話すことに主眼があるわけではありません。仏法との出遇いを自身の体験をもとに具体的に語りつつ、普遍的な聖教《しょうぎょう》（教えや経典）の言葉に尋《たず》ね当てていくのです。

どちらもともに、**仏法に出遇って心が翻《ひるがえ》った事実を語る（ことを通して聴衆に教えを伝える）ことが本来の目的**です。ですから、結論からいえば、伝統的説教も現代的法話も、手法に差異はあっても、目的は同じでなければなりません。

第3章 「教えを伝える」とは

では、「聴衆に教えを伝える」とはどういうことでしょうか。本願寺第八代の蓮如上人は、「如来の教法《きょうぼう》を、十方衆生にとききかしむるときは、ただ如来の御代官《おんだいかん》をもうしつるばかりなり」と述べています（『御文』第一帖第一通）。如来の教えを十方衆生に説いて聞かせるときは、ただ如来の代わりを務めているに過ぎない、というのです。

布教者のことを、他宗では「布教師」と書きますが、浄土真宗では「布教使」という字をもちいます。教える先生（師）という立場ではなく、あくまで如来のお使い（使）の役目を担っているのです。**「お伝えする」のであって、「教えてやる」のではありません。**また浄土真宗では、法話や説教をおこなうことを「お取《と》り次《つ》ぎする」ともいいますが、これも仏さまと聴衆のあいだに立って、仏法を正確にお伝えするという意味です。

昔から、真宗における教化伝道（教えを伝え広めること）は、「自信教人信《じしんきょうにんしん》」に尽きるといわれてきました。「自信教人信」とは、もとは善導大師の『往生礼讃《おうじょうらいさん》』の一節で、親鸞聖人は「自《みずか》ら信じ、人を教えて信ぜしむ」と読みくだしています。これを、「教化する者は、まず自分の信心を確立して、その上で人に教えるべきである」と理解してしまうと、「自ら信じる」ことと「人を教えて信ぜしむ」ことは別々の事柄、あるいは段階的に実践する行為になってしまいます。

しかし蓮如上人は、「自分の心得《こころえ》違いの信心を回心懺悔《えしんさんげ》して、人々に吐露《とろ》するように語ることこそが、「自信教人信」の本義に相応する」と示しています（『御文』第四帖第五通、意訳）。したがって、「教えを伝える」とか「人を教えて信ぜしむ」といっても、**私が仏の教えに出遇っていく歩みそのものが、他者にとってはそのまま教化の内容になっていく**のでしょう。〈自《みずか》ら〉の自信の歩みが、即時に〈自《おの》ずから〉教人信となるのです。

このありさまを、先学は「自信のほかに教人信なし、これが浄土門仏法のみのりである」と、自信のほかに教人信はないとおっしゃっています（曽我量深《そがりょうじん》『歎異抄聴記』）。また、「人は、教えよう教えようとする人からは教えられない。教えに学んでいる人の姿から教えられるのである」という先人の言葉もあります（一楽真《いちらくまこと》『親鸞の教化――和語聖教の世界』）。先達《せんだつ》が教えに学ぶ姿勢に、私たちは教えられていくのです。

このことは、寺院や宗門の活動でもちいる「教化活動」という言葉についても、よくよく注意しなければなりません。「教化」とは、けっして僧侶が門徒を「教え導く」という意味ではありません。親鸞聖人において教化とは、聖人自身が如来の教化をたまわることです。したがって教化活動とは、「仏さまの教化にあずかる場を、僧侶も門徒もひとしく共有する営み（活動）」であり、ここに僧伽《サンガ》という関係性が開かれてくるのです。

ですから、**一番問われているのは、この私の心身に真宗の教えが本当に響いているか否《いな》か**ということです。たしかな響き（自信）は、伝えよう伝えようと力まなくても、自然に伝わっていくものです（教人信）。

第4章

憶念し続ける

そもそも、**法話とは本来、わざわざ考えたり作ったりするものではなく、自然に生まれてくるもの**でしょう。新聞やテレビ、インターネットなどでネタ集めをしなくても、日々の生活のなかから法話の題材は出てくるはずです。

あるご門徒さんが、「僧侶の世界に求められている要点は、「念仏、清掃、勤行《ごんぎょう》、学問」の四点に絞《しぼ》られている。聞き手の胸を打つ法話とは、この日常から生まれてくる「み仏からの賜《たまわ》りもの」でなければならない」と指摘されています（『真宗』二〇一九年一〇月号、取意）。まったくその通りですが、私はここにもう一つ、「憶念《おくねん》」を加えたいと思います。

憶念とは「絶えず思い念ずる」という意味ですが、それは「**赤表紙と新聞のあいだを歩むこ**

と」だと教えていただきました（「赤表紙と新聞」『安田理深《やすだりじん》選集』補巻）。「赤表紙」とは真宗の聖教、すなわち普遍の真理であり、「新聞」とは日々刻々と変化する現実の諸問題です。「赤表紙」と「新聞」のあいだにわが身を置いて思索し続けなさい、ということです。

先にも述べましたが、仏法のありがたさや出遇えたよろこびを語ろうと思うならば、まずは自分自身が仏法のありがたさに目覚め、よろこぶ人でなければなりません。法話をおこなうには、人前で話す度胸や技術、個性も大切ですが、それらはある程度訓練すれば、きちんと身についてきます。**一番必要なのは自分の信心であり、人に伝えたいものが自分の内に本当にあるかどうか**です。

法話が話せないということは、厳しいことをいえば、僧侶として日々を漫然《まんぜん》と過ごしている証拠でしょう。課題がないところに真剣な聞法《もんぽう》はありません。したがってオリジナルな法話も生まれません。どうしても人まね、受け売りになってしまいます。

もちろん、自分に都合がいいように話す我田引水《がでんいんすい》はダメです。教義に照らして間違ったことをいわないためにも、日々の学問が必須であることはいうまでもありません。しかし、正確なことをいわなければならないと身構える必要はありません。誰しも最初は、「親鸞聖人はこのようにおっしゃいました」とか、「○○先生から△△と教えていただきました」という言葉の紹介からはじまります。それが、「赤表紙」と「新聞」のあいだで憶念する生活を通して、「△△と思います」、そして「△△と信じています」というように、自分の受けとめが次第に深まっていくのではないでしょうか。

なかには、「法話なんて自然に生まれてこない」「人に伝えたいことなんて何もない」という人もいるかもしれません。しかし、僧侶としてのあり方や生き方に迷いや悩みがまったくない人は、ほとんどいないでしょう。であるならば、その不安や戸惑《とまど》いを素直に吐露すればいいのではないでしょうか。僧侶としてのあるべき姿は大切ですが、その理想像は、もしかすると自分で作り上げた妄念や執着かもしれません。そのことを仏教に問うのです。

したがって法話は、形としては聴衆の面前で教えを語るわけですが、聴衆に語るという形を取りながら、その教えを自分自身が真っ先に聞くのです。**法話は、聞き手との対話であると同時に、話し手自身との対話でもあります。**

最後に、宗教哲学者の西谷啓治《にしたにけいじ》先生の言葉を紹介して本篇を結ぶことにします。以下に引用する文章は、西谷先生が真宗教学者の曽我量深《そがりょうじん》先生の説教を念頭に置きながら、「説く」とはどういうことかについて論じたものです。文中の「説教」を「法話」に置き換えれば、ここに

「法話とは何か」のすべてが述べられていると思います。法話に携《たずさ》わる者一人ひとりが真摯《しんし》に向き合わなければならない課題が明示されています。難しい言葉が多いので註やルビを補いましたが、何度も味読してください。

主題（＝聖教の言葉：筆者註）について説教者自身が思索し、究明し、体得した理解が語られている。彼（＝説教者：筆者註）自身の内面から流出して来るものが披瀝《ひれき》されて居《お》り、そこにまた根本的な自由さが感ぜられる。もちろん自由といっても、単に主観的な恣意《しい》ということではない。また理解といっても、単に客観的、概念的な知解《ちげ》ということではない。聴衆に向って直接に語りかける対告《たいごう》であるから、そこには、活《い》ける人間、生活している人間が、またその人間の生の動きとしての思惟《しゆい》が、現われている。聖典の句が説教者のうちで活き、展開している。彼は、それに生かされて居り、生かされて生きている。そういう活動として、説教は創造性を含み、その都度《つど》新しい。（中略）「説く」とはそういうことである。

（『曽我量深説教集1』「刊行のことば」）

コラム1　法話と拍手

しばしば、「すばらしい法話に対して、なぜ拍手をしてはいけないのか」という疑問が、特にご門徒さんの側から投げかけられます。

それに対して、「法話は講演とは違って自分事として聞くものですから、拍手ではなく手を合わせて南無阿弥陀仏とお念仏を申しましょう」とか、「そもそも法話に善し悪しはありません。拍手は称賛や批評に当たるから望ましくありません」というのが、一応は模範的な返答になります。

しかし、この問いかけは、法話をする者が重く受けとめるべき大切な問題です。

ある日のことです。はじめてうかがったお寺での法話のあと、駐車場で、帰路につくご門徒さんに話しかけられました。

「今日のお話はとてもわかりやすくて良かったわ。だって一度も寝なかったんだもの」

普段から日常生活にもとづいた法話を心がけている身としては、「わかりやすくて良かった」

といわれて嬉しく感じましたが、「一度も寝なかった」という言葉に複雑な気持ちになりました。

仏法は本来、娑婆《しゃば》の生活に埋没して眠り込んでいる自分自身を目覚めさせる教えであるはずです。しかし、その方にとって法話とは退屈で、かえって眠たくなる話に過ぎないということでしょう。私たち僧侶は、お念仏が出るどころか、あくびが出るような話しかしていないのではないか、という厳しいご指摘の言葉として受けとめました。

そして、「今日の法話はわかりやすかった。だって眠たくならなかった」といわれて一喜一憂しているような私が、拍手をするご門徒さんに対して、「それは違います」といえるでしょうか。この私こそが法話に善し悪しをつけているのです。

では、私たちは法話をどのようにいただけばいいのでしょうか。仏典は、お釈迦さまの説法が終わったあとの様子を、次のように記しています。

無量の諸天および龍・夜叉《やしゃ》、仏の所説を聞きて、みな大きに歓喜して、仏を礼《らい》して退く。

（『仏説観無量寿経』）

仏、この経を説きたまうことを已《おわ》りて、舎《しゃ》利《り》弗《ほつ》およびもろもろの比丘《びく》、一切世間の天・人・阿修羅《あしゅら》等、仏の所説を聞きたまえて、歓喜し、信受して、礼を作《な》して去りにき。

（『仏説阿弥陀経』）

どちらも、「会座《えざ》に集っていたすべての者は、説法を聞いてよろこびに満ちあふれ、うやうやしくお釈迦さまを礼拝《らいはい》して、その場を辞去した」と書かれています。これが仏法を聴聞《ちょうもん》したときの本来の姿なのでしょう。

ただ「拍手してはダメだ」というだけではなく、話し手も聞き手もともに自然に手が合わさり、お念仏を申せるような仏法を頂戴していきたいと思うばかりです。

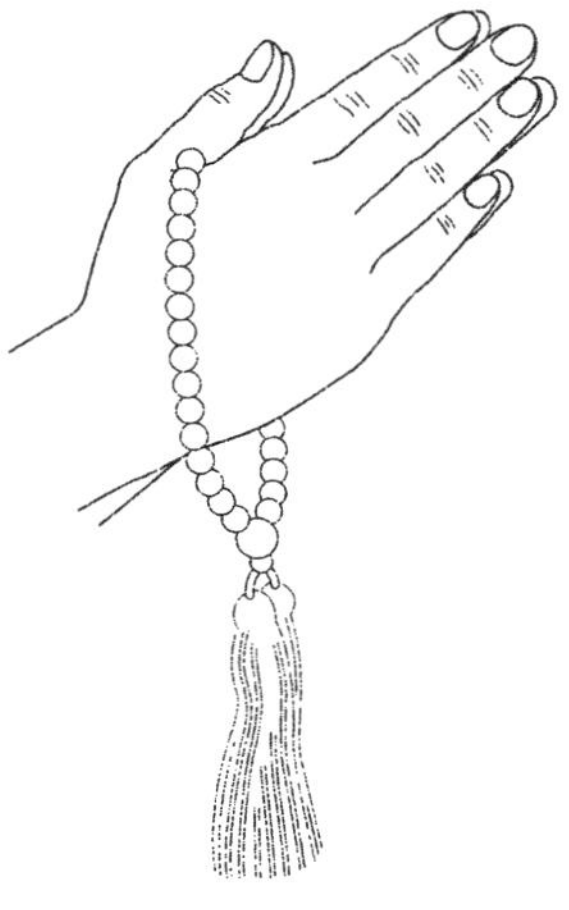

準備篇

法話の作り方

第1章 構想を練る

1 二つの作成方法

「理念篇」で、法話とは「自分の身に起きた身近なことを手がかりにして、私が感じたこと、思ったこと、心に響いたことを、自分の言葉で話すことが一番大切」であり、「本来、わざわざ考えたり作ったりするものではなく、日々の聞法生活を通して自然に生まれてくるもの」と述べました。

たしかにその通りですが、だからといって、**何の準備もせずに法話に臨むわけにはいきません**。事前に準備をしなければなりませんが、初学の方にとっては、どこから手をつければいいか、さっぱりわからないというのが実情でしょう。構想を練《ね》るといっても、何からはじめればいいかわからないと思います。

本篇では、「法話の準備の仕方」について、順を追って具体的に説明します。

法話の作り方には、大きく分けて二つの方法があります。

方法1　話材を収集・構成して法話を作る

①まず、法話の中身になりそうな材料（話材）を収集します。

- 日々の生活を通して仏法に出遇った実体験や具体例があれば、それを題材に。
- そのような題材がない場合は、以下の事柄を、大きめの付箋《ふせん》やメモ用紙に自由に書き出します。

(1)紹介したい出来事や気になる社会問題
(2)強く印象に残っている体験
(3)心に響いた言葉や文章

(4)大切だと思う聖教の言葉や教え　←法話の主軸になるので重要！

(1)〜(3)はすべて書き出す必要はないが、(4)は必ず一つは挙げること。

・自分にとって「大切だと思う聖教の言葉や教え」と出遇うには、日々の学問が必須。最初は法話題材集などを参考にしても構わないが、付け焼刃にならないように、普段から聖典や仏教書を読んで、学びを深めておくことが大事。

・日頃から、思いついたことや法語をメモしたり、気になった記事や言葉を集めておくと、法話を考える際の材料になる。

②次に、話材を通して何を伝えたいか、法話全体のテーマを考えます。

・「テーマ」とは話の中心になる柱、主題のこと。これが明確でないと、話材をうまく組み立てることができない。あるいは、話題があちこちに飛んで、何を伝えたいのかがハッキリしない。

③テーマにそって、話材を一つの大きな流れになるように組み立てます。

・法話のテーマ（何を伝えたいか）を意識しながら組み立てると、スムーズな展開になる（組み立て方の形式は、41頁〜の「3　構成を考える」を参照）。

・テーマが明確であれば、法話の内容や筋道が定まりやすい。内容や筋道がまとまっていると、聞き手に対してテーマが伝わりやすい。

- たんなる感話で終わらないために、「大切だと思う聖教の言葉や教え」が主軸となるように組み立てることが重要。
- 話がうまくつながらないときは、不要な話材を削ったり、新しい話材をさらに書き出したりして、内容や構成を組み替えてみる。
- 収集した話材を全部使う必要はない。法話時間にもよるが、使用する話材を絞ったほうがテーマは明確になる。

方法2　聖教の言葉を決めてから法話を作る

①まず、法話の主題となる聖教の言葉や教えを決めます。

- 自分が話したい内容を優先させずに、ＴＰＯ（時と場所と場合）を考慮して決定すること（詳しくは、39頁～の「2　主題を明確にする」を参照）。

②次に、主題に決めた聖教の言葉や教えの意味、背景を調べます。

- 聖教の言葉を調べる際は、仏教書や仏教辞典のほかに、各宗派が運営する聖典検索サイトも活用するとよい（128頁～の「参考資料」で紹介）。
③主題や調べた事柄に対して、自身の体験や社会の出来事を関連させて、内容を具体的に膨《ふく》らませます。
・仏教語の意味を説明するだけでは、法話ではなく講義になってしまうので要注意。
・大きめの付箋やメモ用紙に、主題に関わる自身の体験や社会の出来事を、具体的に書き出していく。
・自分のなかに主題（聖教の言葉や教え）に関する経験や気づきがないと、どうしても法話題材集やインターネットで調べた文章を利用して、つなぎ合わせて法話を作らざるを得《え》ない。初学のあいだは仕方ないかもしれないが、これでは「借りものの法話」「法話のための法話」になってしまうので、十分に気をつけること。

（この「方法1・2」をもちいた例文は、「第2章　原稿を書く」の「2　法話作成の見本」〈54頁～〉をご参照ください）

2　主題を明確にする

「方法1　話材を収集・構成して法話を作る」と「方法2　聖教の言葉を決めてから法話を作る」、いずれにしても、**法話を考えるには、主題やテーマを自分のなかで明確にすることが大切**です。法話の構想を練る段階から、何を伝えたいか、何を語りたいかを明らかにしておく必要があります。

主題やテーマを考える際は、仏教や聖教の言葉で端的に表したほうがわかりやすいでしょう。たとえば「縁《えん》」「分別《ふんべつ》」「諸仏」「報恩」など、**仏教語をもちいたほうが、主題がより明確になります**。法話の主軸となるキーワードといってもいいでしょう。

ただし、ここで一つ考慮しなければならない点があります。それは、「何の席の法話なのか」ということです。「理念篇」で「法話は自分が仏法に出遇った事実を語る」といいました。たしかにその通りですが、だからといって何を話してもいいということではなく、その場にふさわしい法話をしたほうが、聴衆の共感をより得やすくなります。

法話の種類についても、大きく二つに分類することができます。

A　主題やテーマを自由に決められる場合

たとえば、自坊《じぼう》や別院などでの定例法話であれば、主題やテーマはある程度自由に決めることができるでしょう。したがって、方法1・2のいずれでも法話を組み立てることができます。ただし、やはりＴＰＯは考えなければなりません。

B　主題やテーマが決まっている場合

一方で、永代経《えいたいきょう》や報恩講《ほうおんこう》といった法要や季節行事の法話であれば、その場に応じた主題やテーマを選ぶ工夫や配慮が必要になります。

たとえば、年忌の法事やお通夜の席であれば、「亡き人を縁として」とか「四苦《しく》（生老病死）」といった主題やテーマがふさわしいでしょう。参列者の数や顔ぶれ（たとえば家族葬かどうか）によっても話の内容は変わります。子どもが対象のお話ならば、「地獄と極楽」や仏典童話をもとに話すなど、相手にとって身近な主題を選ぶことが大切です。

この場合、方法1でも法話を組み立てることは可能ですが、方法2のほうが組み立てやすいかもしれません。いずれにしても主題やテーマが限定されますので、初学の方にとっては、AよりもBのほうが難易度が高いといえるでしょう。

他寺院に出講する際は、**どういう趣旨の法要（法話）なのか、事前にしっかり確認しておくことが必要**です。

3　構成を考える

次に、法話の構成、展開の方法について説明します。

法話の材料や主題が決まっても、組み立て方が悪ければ、聴衆にとっては聞きづらい法話になってしまいます。何となく話の流れを考えるのではなく、話の筋道を明確に立てましょう。

法話の構成は、大きく分類すると次の三つが挙げられます。

三段構成……序論（序）・本論（破）・結論（急）
四段構成……起・承・転・結
五段構成……讃題《さんだい》・法説《ほうせつ》・譬喩《ひゆ》・因縁《いんねん》・結勧《けっかん》

三段構成

まずは、文章の基本となる三段構成です。

〈三段構成〉
①序論（序）……今日の法話で何を伝えたいか（主題）を提示する。
②本論（破）……伝えたい主題を、具体的な事例（話材）をもとに話す。
③結論（急）……主題や話した事柄を簡潔に再確認する。全体のまとめ。

三段構成は短い時間で法話をまとめるのに適していますが、一番の問題は「本論」部分でしょう。重要な箇所であると同時に、何を話せばいいか、どのように話を展開すればいいか、一番悩む箇所でもあります。

このときにもちいるのが、次の四段構成です。

四段構成

四段構成は、三段構成の「本論」部分を、「承」（主題を承《う》けて展開する）と「転」（視点を転じて、承の内容を発展させる）の二つに分けた形になります。この「承」と「転」について、法話に特化した私なりの了解を記すと次の通りです。

〈四段構成〉
①起……今日の法話で何を伝えたいか（主題）を提示する。
②承……主題のもとになった具体例（私の身に起きた出来事や社会問題など）を語る。抽象的な主題を具体的に語ることによって、聴衆の理解を得やすくする。
③転……その具体例を仏法（聖教の言葉や教え）に尋ね当てて、普遍的問題として展開していく。みなに共通する問題として提示することで、ともに聴聞《ちょうもん》する場を開く。
④結……主題や話した事柄を簡潔に再確認する。全体のまとめ。

参考　アメリカ合衆国のバラク・オバマ元大統領はスピーチの名手といわれましたが、彼のスピーチは「I→You→We」という順序で話を進めるそうです。

まず私（I）の個人的問題を話し、次に「あなた（You）はどうですか」と相手に話を振ります。この二つが「承」に当たります。そして、「私とあなた、つまり私たち（We）はともに同じ問題を抱えている」と展開することによって、聴衆との深い共有や一体感を生み出します。これが「転」になります。

この四段構成はいろいろな場面で幅広く使えます。しかし法話時間が長いと、一つのエピソード（具体例）だけでは間《ま》が持たなくなります。その場合は別のエピソードを紹介しつつ、「承」と「転」を行き来しながら、主題を深めていくように構成を考えるといいでしょう。図式化すると次のようになります。

起→承（具体例）→転→結

承（別の具体例）←→転←→承（別の具体例）

このように「承」と「転」を重層的に展開することで、主題の意味をさまざまな視点（具体例）から掘り下げて、丁寧に確かめることができます。

五段構成

四段構成の「承」と「転」の位置が入れ替わったのが、五段構成です。古くから伝わる説教の型であり、いまでも節談《ふしだん》説教の台本（原稿）作りなどでもちいられる構成です。節談説教とは、高座に登壇して、言葉に抑揚《よくよう》やリズムなどの節《ふし》をつけて教えを説く独特の方法です。浪《ろう》曲《きょく》や講談《こうだん》など話芸の源流ともいわれます。

〈五段構成〉

①讃題……これから話す主題（テーマ）となる仏祖《ぶっそ》や聖教の言葉の一節を読みあげる。法話は仏徳の讃嘆であり、その主題だから讃題という。

②法説……讃題の典拠《てんきょ》を示し、字句の意味をわかりやすく解説する。法義の説明。

③譬喩……讃題や法説を一層わかりやすくするために、身近な事例や体験談による説明を

おこなう。たとえ話。

④因縁……阿弥陀の本願が人間世界に展開した様子を話す。人間ドラマ。聴衆の情念に訴えかける箇所であり、自身の体験談に限らず話を創作することもある。

⑤結勧……法話の要諦《ようたい》をまとめる。結び。因縁で話した内容を、法（教え）に照らし合わせて語るという意味で、合法《がっぽう》ともいう。

参考　関山和夫先生は、「この五段構成は、真宗における説教の進め方の固定した型であり、讃題（テーマ）が切り出しとなり、法説を導入部としてマクラを振り、譬喩・因縁を中身とし、結勧をもって結ぶという三部に分ける」と述べています（『説教の歴史的研究』取意）。

また説法の極意《ごくい》として、昔から「はじめシンミリ（讃題・法説）、なかオカシク（譬喩・因縁）、おわりトウトク（結勧）」（最初は静かに語り出すことによって聴衆の注意を引きつけ、途中では退屈しないように笑い話も交え、最後は尊い仏の教えで終わる）と伝承されてきました。これも大きな分類でいえば、三段構成に該当するでしょう。

「讃題」は、初学の方はあまり聞きなれない言葉だと思いますが、親鸞聖人の「和讃《わさん》」や蓮如上人の『御文《おふみ》』（御文章《ごぶんしょう》）などの一節を、格調高く読みあげて引用することです。私見ですが、最初に讃題を掲げる法話は、真宗他派でよく拝聴しますが、真宗大谷派では半数以下のように感じます（節談説教を除く）。その代わりに「三帰依文《さんきえもん》」を唱和することが多いのではないでしょうか。私自身も、法話の冒頭に今日の主題を提示することはありますが、讃題を掲げることはほとんどありません。

なぜならば、このあとの展開に関わることですが、讃題を挙げれば、次に、たとえば「いまほど拝読しました親鸞聖人のご和讃は……」というように、法語の意味を解説しなければなりません。これが「法説」に該当します。従来の説教形式に馴染《なじ》みがある方ならば、あるいは仏教や真宗の言葉をよくご存じの方ばかりならば、「讃題→法説→譬喩・因縁」という順序でもいいでしょう。しかし、そうではない方に、いきなり聖教の言葉を説明しても、なかなかうまく伝わらないと思います。

たとえ讃題を掲げるにしても、まずは「今日は○○についてお話しさせていただきます」と主題を明確にします。○○が仏教語ならば、その説明を簡単にします。そして次に、法説と譬喩・因縁の位置を入れ替えて、自分の身に起きた具体例などを話の切り口にして、それから最初に掲げた讃題の意味や主題の了解を述べます。「讃題→譬喩・因縁→法説」の順序です。こちらのほうが聴衆もスムーズに話に入っていけるのではないでしょうか。
逆に、さまざまな宗旨の方が同席する法事やお通夜では、いきなり主題を述べて仏教語をもちいて話し出すよりも、亡くなった方との関わりや、授与した法名《ほうみょう》（戒名）の意味や願いなど、具体的なことから話して、仏教や真宗の教えを展開していったほうが、より共感を得られやすいと思います。

以上、三つの組み立て方をまとめると、次のようになります。

〈三段構成〉　〈四段構成〉　〈五段構成〉
序論（序）……起……讃題
本論（破）……承……法説
　　　　　……転……譬喩・因縁
結論（急）……結……結勧

法話の構成の基本は以上です。あとはそれぞれ、ＴＰＯや自分に合ったスタイルを選んでいただければよいと思います。

第2章　原稿を書く

1　分量と時間配分

法話の主題と構成に目処《めど》がついたら、次はいよいよ原稿の作成に取りかかります。35～38頁で説明した付箋やメモ用紙の言葉に、肉づけするように原稿を書き起こしていきます。**原稿は実際に話すように話し言葉（ですます調）で作成**します。

法話を話すことに慣れてくれば、必ずしも原稿を書く必要はありませんが、それは経験を積み重ねた上の話であって、**初学のあいだは必ず原稿を作成しましょう。**私も最初の数年間は毎回原稿を書いていました（現在はメモ書きを作成して、それをもとに法話をしています。この方法については「実践篇」で詳述します）。

短い法話であればあるほど、原稿はしっかり作成しましょう。短い時間内で、話に筋道を立てて伝えたいことを語り切ることは、簡単ではありません。行き当たりばったりで話さないように、ＴＰＯに応じた事前の準備が必要です。

基本的なことですが、**なぜ原稿を作らなければならないのでしょうか**。一つは、はじめから人前でスラスラと法話ができる人は少ないと思います。緊張して言葉に詰まってしまうこともあります。原稿を作ることでそれを避けることができますし、仮に言葉に詰まってしまっても、原稿を見ることで話す内容を思い出すことができます。

もう一つは、実際に文章を書くことによって、自分の考えや話したい事柄を整理して明確にすることができます。思っていることを言葉にしたり文章にしたりすることは、意外と難しいものです。わかっているつもりでも本当はわかっていなかった不明瞭な点も、浮き彫りになります。

原稿の分量

用意する原稿の分量は、当然、法話時間によって変わります。法事やお通夜の席などの5～10分程度のお話なのか、それとも法要や季節行事の1時間以上の法話なのか。まずは**法話時間をしっかり確認しましょう。**

法話時間を守ることは基本中の基本です。とても大切なことですが、守れていない人が多いように思います。自坊での法話ならば、時間が多少前後しても問題ないかもしれません。しかし他所《よそ》のお寺であれば、法話のあとに、お斎《とき》（法要の食事のこと）や会合があるかもしれませんし、参詣者の帰りのバスの時間が決まっているかもしれません。時間は厳守しましょう。

そのためにも、**原稿作りと、作成した原稿を事前に読んで時間を計っておくなどの準備が欠かせません。**その際の注意点は「第3章　推敲《すいこう》する」（83頁～）で詳説します。

原稿の分量（全体の文字数）ですが、NHKのニュース番組では、アナウンサーは1分間に300文字という速さで原稿を読むそうです（矢野香『NHK式+心理学　一分で一生の信頼を勝ち取る法』参照）。また、プレゼンテーションのスピーチも、1分間に300文字が適切だといわれています。一度試してみればわかりますが、比較的ゆっくりに感じることでしょう。この速さだからこそ、はじめて聞く内容でも聞き取りやすく理解しやすいそうです。

これを参考にすると、法話はニュースやプレゼンとは違って、普段聞きなれない仏教語が出てきますから、理解するのに時間がかかります。また、事実を淡々と述べるのではなく、聴衆の顔を見ながら語りかけるように話したり、ときには間《ま》を取ったりします。ですから私は、**1分間で200〜250文字ぐらいが適当**ではないかと思います。たとえば30分の法話ならば、6000〜7000字の原稿を用意する必要があります。

自分に適した分量は、読む速さ以外に、滑舌《かつぜつ》（言葉をハッキリ発声するための舌や口の動き）や声の大きさも関係しますので、録音したものを聞くなどして自身で工夫してみてください。場の雰囲気に応じて、原稿にはない補足説明をしたり、余談や雑談を入れたい場合は、はじめから短くしておいたほうがいいでしょう。

なお、早口で何をいっているのか理解しづらい速さは論外ですが、逆に遅すぎるのも間延《まの》びします。ゆっくり話すのと、だらだら話すのは違います。声に強弱・抑揚・緩急（テンポ）をつけることが大切です。

時間配分

構成に対する時間配分はどれくらいがいいでしょうか。一概にいえませんが、三段構成で分ければおおよそ、

序論……5～10%
本論……70～80%
結論……10～15%

が目安になるでしょう。

仮に30分の法話だとすると、最初に自己紹介を含めて法話の主題を5分（1000字）ほど話し、伝えたい事柄を具体例をもちいながら20分（4000字）程度話して、全体のまとめを5分（1000字）ほど話すという配分になります。

時間配分はあくまで目安です。聴衆が顔見知りばかりの自坊での法話や、お通夜などの短い時間ならば、自己紹介を長々とする必要はなく、いきなり本題に入っていいでしょう。逆に、

はじめてうかがうお寺での法話なら、自己紹介を丁寧におこなう必要があるかもしれません。

このように、**時間配分もＴＰＯに応じて臨機応変に考える必要があります。**

2　法話作成の見本

ここまで原稿の作成方法を説明してきました。手順をまとめると次の通りです。

①法話の趣旨を確認する（↓準備する話材の内容に関わる）

⑴主題やテーマを自由に決められる

⑵主題やテーマが決まっている

②法話時間を確認する（↓準備する話材の分量に関わる）

③法話の構想を練る（↓主題・テーマが明確になるように）

⑴話材を収集・構成して法話を作る

⑵聖教の言葉を決めてから法話を作る

④構成を考える（↓ＴＰＯに応じて使い分ける）

(1)三段構成
(2)四段構成
(3)五段構成
⑤構想と構成をもとに法話原稿を書く（→分量と時間配分に注意する）

これだけだと抽象的でイメージしにくいと思いますので、私が書いた拙文を見本に原稿作成の手順を確認していきましょう。

参考例1

参考例1は、ある冊子の「お寺の掲示板《けいじばん》」というコラムに寄稿した文章です。もとは法話の原稿ではありませんが、文章を書く過程や構成が参考になればと思って引用しました。【　】は元原稿にありませんが、わかりやすいように便宜上記しました。

原稿作成の手順

①法話の趣旨

「お寺の掲示板」は、事前にいくつか提示された法語（先人の言葉）から一つ選定して、その法語を手がかりとして自身の実体験や考え、日頃感じていることを紹介するコラムです。提示された法語の内容は多岐にわたり、自由に選べますので、法話の種類は「A　主題やテーマを自由に決められる場合」といえるでしょう。

②法話時間

依頼された字数は1000字程度で、それほど多くなかったので、取り上げるエピソード（話材）は一つで十分だと考えました。法話時間（今回は執筆字数）が短い場合、話材が多いと主題がぼやけたり深まらなかったりします。

③法話の構想

事前に法語が提示されていますので、「方法2　聖教の言葉を決めてから法話を作る」ことも可能です。

しかしこの文章は、先に法語を選定して、それに妻の出産時のエピソードを当てはめて書いたのではありません。妻の出産に立ち会った体験を通して、私自身があらためて教えられた事実（自分のモノサシが苦しみを生み出す原因）が先にあり、それをいい当ててくださっている坂木《さかき》力《ちから》さんの「何が私を苦しめているのか　自分が握りしめている　その物差しです」という言葉を、候補のなかから選んだという順序になります。「物差し」、仏教語でいえば「分別」や「はからい」が今回の主題、キーワードになります。

　したがって、法話の構想は「方法1　話材を収集・構成して法話を作る」になります。「紹介したい出来事」「強く印象に残っている体験」は妻の出産時のエピソード、「自分が大切だと思う聖教の言葉」は坂木さんの言葉になります。

④構　成

　文字数も多くないので、一般的な四段構成（起承転結）で執筆することにしました。

⑤原稿を書く

　上段が実際の文章です。下段には原稿を書く際に注意した事項などを記しています。

法話――参考例1

【法語】

何が私を苦しめているのか
自分が握りしめている
その物差しです

（坂木力）

【起】

昨年末、私たち夫婦に娘が誕生しました。妻は私の立ち会い出産を希望しており、できる限り都合をつけて、立ち会えるように予定していました。

【承】

高齢で初産《ういざん》ということもあり、早めに入院したのですが、なかなか陣痛《じんつう》が起きません。そこで陣痛促進剤を投与するのですが、数日たっても状況は変わらず、そのうち破水しました。このままでは赤ちゃ

《注意事項》

【起】

妻の出産というエピソードをもとに話を切り出していきます。この文章の話材であり、導入になります。

【承】

私たち夫婦の身に起きた出来事を時系列で説明していきます。

出来事を紹介する場合は、時間を追って説明したほうが、読者（法話なら聴

んの命が危ないということで、自然分娩《ぶんべん》を諦めて帝王切開による出産に切り替わりました。

　帝王切開は局所麻酔による手術になりますから、同意書に署名しなければなりません。書類には「手術が順調に進めば、胎児を取り出すまで十分程度。その後、切開箇所を縫合《ほうごう》して、手術自体は約一時間で終わる」と書かれていました。

　手術室に運ばれる妻を見送り、〈母子ともに無事であってほしい〉という不安な気持ちをかき消すように、スマホをいじりながら待っていると、同意書に書かれた時間通りに、保育器に入った赤子がやってきました。当初は自然分娩に立ち会うつもりでしたので、あまりの早さに、安心したというよりも拍子抜けしました。

　またスマホを片手に、今度は妻が戻るのを待って

衆）にも伝わりやすいと思います。ただし、出産時の状況をダラダラと説明するのではなく、今回の主題（物差し）につながるように、私の心の動きを端的に描写することが大切です。

　ところで、ここで「仏さんはお願いごとをする対象ではない」と書いています。今回の主題ではありませんし、また紙幅の都合もあり、これ以上は掘り下げて書いていません。

　しかし、実際の法話ならば、普段どのような思いで阿弥陀さんやお内仏《ないぶつ》（お仏壇）にお参りしているか、何を願って手を合わせているかという話を、ここから展開することも可能です。話材の一つに

いるのですが、一時間以上たっても戻ってきません。〈そういえば同意書には、「万が一の場合は輸血が必要になったり、呼吸抑制が起こったりする可能性があります」と書かれていたよな。大丈夫かな〉と心配になってきます。もうスマホどころではありません。「仏さんはお願いごとをする対象ではない」ということはわかっているつもりですが、何かに祈りたい気持ちになってきます。

不安なまま過ごしていると、予定の時間より遅れて、妻が戻ってきました。手術は順調で元気そうな様子です。ホッと胸を撫《な》でおろしました。

【転】

ところで、この経験を通して、気づかされたことがあります。なぜ私は、拍子抜けしたり、心配になったりしたのでしょうか。

なります。

【転】

「出産が無事に済んで、母子ともに元気でよかった。めでたし、めでたし」で話が終われば、ただの感話、体験談に過ぎません。仏法をよりどころとして何が問題なのかということを考えていきます。ここで、【法語】の「物差し」という教えに話を展開していきます。

それはもちろん、出産や手術にかかる時間を、同意書によって事前に知っていたからです。そして、その予定時間と実際の時間を比較していたからです。まさに自分が握っている〝モノサシ〟ではかることによって、一喜一憂していたのです。

仏教では、このモノサシこそが苦しみを生み出す原因であると説きます。私たちは普段、自分の考えや知識を正しいと思い込んでいます。しかし、それらを強く握りしめればしめるほど、かえって振り回されてしまうのではないでしょうか。

【結】

この事実を、日々の生活ではつい忘れてしまいますが、妻の出産を通して、あらためて教えていただいたことです。

本来は、この【転】部分が一番大切な箇所であり、一番分量が多くなるはずです。しかし、『サンガ』は一般市民向けの冊子なので、仏教語の使用については極力配慮してほしいという要望がありました。ですので、仏教語を使わず、しかし誰にでも当てはまる普遍的な問題として提示しました。

法話であれば、「分別」「自分のはからい」「苦の正体」「私のモノサシと仏さまのモノサシ」という言葉をもちいて、さらに展開することができるでしょう。

【結】

一般市民向けのコラムなので、仏教の教えはけっして難解ではなく、実は私たちの身近にあることを再確認して、文章を終えています。

（真宗大谷派　首都圏広報誌『サンガ』一六五号〈二〇二〇年五月号〉より転載）

《補足説明》

この文章は約1000字ですので、普通に読めば5分もかかりません。しかし、自己紹介をしたり、【承】や【転】の部分を膨らませて話したりすれば、このエピソード一つで少なくとも15分以上は法話をすることができるでしょう。内容的にもさまざまな法話の席で話せると思います。

なお、出産に立ち会った経験がない聴衆にとっては、このエピソードだけでは主題が伝わりにくい可能性もあります。法話時間が十分にある場合は、より多くの方に共感してもらえるように、ほかの具体例や出来事も紹介しつつ、主題を深めていくという配慮も必要でしょう（44頁～参照）。

参考例2

参考例2は、『仏教家庭学校』という冊子（教育新潮社発行）に寄稿した文章を、自坊の秋彼岸の法話原稿用に大幅に改稿したものです。

原稿作成の手順

①法話の趣旨

秋彼岸の法話ですので、彼岸に関する話をすることが望ましいでしょう。したがって、主題は自《おの》ずと限定されますので、法話の種類は「B　主題やテーマが決まっている場合」になります。「お彼岸をお迎えする意義」を主題にします。

②法話時間

自坊での法話なので、厳密な時間設定はしていませんが、15分程度の法話を念頭に置いています。話材は二つか三つあれば十分です。

③法話の構想

主題が決まっていますので、今回は「方法2　聖教の言葉を決めてから法話を作る」で組み立てることにします。

④構　成

参考例1と同様、四段構成をもちいますが、今回は主題に関する聖教の言葉（「南無阿弥陀仏《なむあみだぶつ》」「帰命無量寿如来《きみょうむりょうじゅにょらい》」）を先に説明してから具体例を紹介するので、「承」（具体例）と「転」（普遍的問題）の順序を入れ替えます（五段構成でいえば「法説→譬喩」という順序になります）。参考例1と2の構成の違いを感じ取ってください。

⑤原稿を書く

上段が法話原稿です。下段には原稿を書く際に注意した事項などを記しています。

法話――参考例2

【起】

（合掌一礼）

はじめに「三帰依文」を一緒にご唱和しましょう。

《注意事項》

【起】

最初に「三帰依文」を唱和します。暗《あん》誦《しょう》していることが望ましいですが、自

（「三帰依文」唱和）

みなさま、こんにちは。本日はようこそ西弘寺《さいこうじ》の秋の彼岸会法要にお参りくださいました。今年も早いもので、もう秋のお彼岸をお迎えしました。

「彼岸」とは仏教用語で、「此岸」に対する言葉です。此岸《しがん》とは、私たちがいま生きている苦悩の世界、つまり娑婆のことです。それに対して彼岸とは、亡くなった方が還《かえ》っていかれた仏さまの世界、阿弥陀さまのお浄土のことを指します。普段の生活では、なかなかお寺やお墓に足が向かない私が、お寺やお墓にお参りして教えを聞くという仏縁を頂戴する。それがお彼岸をお迎えする大切な意義です。

京都の東本願寺に、次のような言葉が掲示されていました。

人は出会いによって育てられ

信がなければ見ながら唱和しましょう。ご存じでないご門徒さんがいる場合は、「赤本（真宗大谷派勤行集）の最初のページをご覧ください」などと丁寧に伝えましょう。自坊での法話ですので、基本的に自己紹介はいりません。

まず「彼岸」という言葉の意味を説明した上で、主題である「お彼岸をお迎えする意義」について述べます。波型の傍線は板書をする言葉です。「起」としては少し長いですが、東本願寺の言葉を切り口にして、出会いと別れという観点から、主題をより深く掘り下げていきます。

この言葉は、東本願寺の前に設置された法語行灯《あんどん》に書かれており、以前目にし

人生は別れによって深められる

「人は出会いによって育てられる」とは、自分で自分の顔を見ることができないように、私以外の人と出会うことによって、これまでわかっているつもりだった私自身について、新しく出会い直すということでしょう。「人生は別れによって深められる」とは、さまざまな別離を通して、私の人生において本当に大切なものを深く知らされるということでしょう。

出会いは別れのはじまりであり、死は永遠の別離のように思われます。しかし、仏さまの教えをいただくならば、その死別はたんに悲しいだけにとどまらずに、亡くなった方との新たな出会いの場を開きます。では、亡くなった方は私たちに何を願っているのでしょうか。お寺参りやお墓参りを通して、私

たときにスマートフォンの写真機能で撮影しておいたものです。日頃から気になった言葉を集めたり、思いついたことをメモしておくと、原稿を作成する際に役立ちます（36頁参照）。

たちは何を再確認すべきなのでしょうか。

そのことを、今日はご一緒に尋ねてみたいと思います。

【承】（法説）

ここでみなさんに質問があります。秋は行楽のシーズンでもありますが、旅行するとき、みなさんはどこから出かけられますか。そしてどこに帰られますか（聴衆に質問を投げかけて聞いてみる）。

当たり前すぎる質問かもしれませんが、多くの方は「自分の家から出かけて、自分の家に帰る」とお答えになるでしょう。では、私たちの人生は、どこから来て、どこへ帰るのでしょうか。このように質問すると、みなさんの多くは途端に返事に困ってしまうのではないでしょうか。

私たちがいつも称えるお念仏「南無阿弥陀仏」は、

【承】（法説）

聴衆への具体的な問いかけを通して、普段なにげなく称《とな》えているお念仏、南無阿弥陀仏の意味について解説します。これが「法説」に当たります。間違った説明をしないように、辞典などで意味をしっかり調べておきましょう。「仏法を聴聞するのが、お彼岸をお迎えする大切な意義」と、結論から先に話していきます。

質問を投げかける場合は、間《ま》を置いて聴衆に考えてもらう時間を作ることも大切です。

先ほどご一緒にお勤めした「正信偈《しょうしんげ》」の冒頭の「帰命無量寿如来」と同じ意味です（「南無」＝「帰命」、「阿弥陀仏」＝「無量寿如来」と板書《ばんしょ》）。「無量寿如来という仏さま、つまり阿弥陀さまを敬《うやま》い信じます、帰依します」という意味です。

「帰命」の「命」の字は、「口」と「令」という字から成り、「人に言いつける意」を表しています。つまり、阿弥陀さまが「私の世界、私の教えに帰ってきなさい」と命令している相《すがた》であると同時に、その命令に対して「はい、わかりました」と素直に応答する相が、「帰命無量寿如来」「南無阿弥陀仏」になります。

したがって、お念仏は呪文《じゅもん》などではありません。お念仏は、私たちを迷いの世界から仏さまの真実の世界へと喚《よ》び覚《さ》ましてくださるお言葉です。私たちはお念仏によって、阿弥陀さまの清浄な世界に帰らしめられるのです。その世界に、私たちに先んじて還っていかれた大切な方をご縁として仏法を聴聞するのが、お彼岸をお迎えする大切な意義でありましょう。

【転】（譬喩）

ところで、あるお寺さんでこんなお話を聞いたことがあります。あるご家庭に、毎朝、お仏壇、お内仏の前に座って、鈴《りん》を鳴らして合掌してから仕事に出かけるお父さんがいらっしゃった。その後ろ姿を見ていた小さなお子さんが、ある日、台所の電子レンジに向かって手を合わせていた。なぜなら、「チーン」と鳴るものに対しては手を合わせるものだと、お父さんの背中を見て学んでいたからである――。

まるで作り話のようで、みなさん笑うかもしれません。しかしながら、ややもすると、私たちは仏さ

【転】（譬喩）

私が聞いた話を具体例（譬喩）として提示して、私たちは普段、何に対して手を合わせているかについて考えていきます。ここで注意すべきは、見聞きした話をもちいる場合は、可能な範囲で典拠を明示するということです。これは新聞やテレビ、書籍や雑誌でも同様です。出典が不明確なことはいわないようにしましょう。

そしてさらに、ご門徒さんとやり取り

まに手を合わせていても、電子レンジに手を合わせているのと、まったく変わらないのではないでしょうか。

いまのお話を、ある研修会で紹介したら、一人のご門徒さんが、「私は一日の終わりに、お仏壇の前に座って、「今日も一日ありがとうございました」と感謝のお念仏を申していますが、それは間違いでしょうか」と質問されました。私は「間違いではないですが、それでは仮に、病院の定期健診で深刻な病気が見つかったとして、あるいは病院からの帰り道で交通事故に遭遇したとして、その日もいつもと同じように、家に帰ってお仏壇の前で感謝のお念仏が申せますか」と逆に質問したところ、「それは難しいなぁ」とおっしゃっていました。

私たちは、感謝の気持ちで仏さまを拝んでいると

した話を挿入することで、問題の所在(結局は自分の都合で仏を拝んでいる)をより明確にします。これが「方法2聖教の言葉を決めてから法話を作る」で述べた、「主題(聖教の言葉や教え)について、自身の体験と関連させながら内容を膨らませていく」という方法に当たります(38頁参照)。

紙幅の都合上、短い法話にまとめていますが、「仏も祈れば神となる」という言葉から、「帰命とはどういうあり方か」「本当のよりどころは何か」という問いに発展させていくことも可能です。

いいながらも、結局は自分の都合で拝んでいるだけではないでしょうか。「仏も祈れば神となる」という言葉を聞いたことがあります。どういう意味かというと、仏さまをお願いごと、お祈りの対象とするならば、それは「困ったときの神頼み」と何ら変わりがないということでしょう。そのような私の依頼心、分別の心を深く知らせて、身の事実に早く目覚めよとご催促くださるのが、本当の意味でお念仏の教えに出遇うということではないでしょうか。

【結】

はたして私のお念仏が、阿弥陀さまが「早く目覚めてください」と喚びかけてくださっていることへの応答になっているか。それとも、たんにお願いごとの呪文に過ぎないのか。このように、自らのありさまをあらためて教えに問うていくのが、亡き人を

【結】

【承】（法説）で確認した「お彼岸をお迎えする意義」について、最後に押さえ直しています。

縁としてお寺やお墓にお参りするお彼岸の大切な意義であると思います。

本日はようこそのお参りでした。どうかお気をつけてお帰りください。ありがとうございました。

南無阿弥陀仏、南無阿弥陀仏。

………………………………………

《補足説明》

参考例1との構成の違いを感じ取っていただけましたか。法話の主題やテーマが決められているか否かによって、構想や構成（話す順序）を変えたほうが、より伝わることがあります。

このほかにも、参考例2は法話原稿用に書き改めていますので、耳で聞いて想像がつかない難しい言葉の使用は極力控えています。そして、大切な言葉やキーワードは板書することを、自分の覚え書きとして原稿に記しています。

また、「用意する原稿は、1分間で200～250文字が目安」と述べましたが、これは聴衆のほうをずっと向いて、間を取りながらゆっくり話した場合です。板書に時間がかかれば、話せる文字数はもっと少なくなります。事前に時間を計って準備する際は、板書する時間も考

イチオシ！

正信偈は王子さまが主人公の物語!?

絵本

絵ものがたり 正信偈

——ひかりになった、王子さま

ためし読み

文・浅野執持　絵・市角壮玄　1430円　6刷

経本

舌々《ぜぜ》二淘《ふたつゆり》三帖和讃《さんじょうわさん》

清澤勝兼、井澤勝什編　13200円

体　裁：11㎝×15㎝・225丁・束巾18㎜・和本袋綴・函入り／２色刷り
本文紙：優美紙

慮しておきましょう。ちなみに、この原稿は約2300字なので、普通に話せば10分程度ですが、三帰依文を唱和する時間と板書する時間を加えれば、ちょうど15分になります。

なお、原稿では「帰る」と「還る」の漢字をあえて使い分けています。耳で聞くだけでは違いはわかりませんが、「帰」は「娑婆に生きる私たちが阿弥陀の教えに帰依すること」、「還」は「亡くなった方がお浄土に生まれること」と、ここでは理解しています（「家に帰る」の意は除く）。この差異を手がかりに法話をさらに展開させることも可能ですが、意味の違いを聖教の言葉や仏教辞典などで確認して、自分なりにきちんと理解しておくことが大切です。

添削例

私の参考例だけでは不十分かと思って、知人のMさんにお願いして法話原稿を書いていただきました。テーマは三回忌法要の法話、時間は10分程度です。

Mさんは僧侶の資格を持っていますが、法話の作成は今回がはじめてです。普段から仏教や真宗の教えを聞いていらっしゃるので、はじめての原稿にもかかわらず、しっかりと書けています。気になる箇所を指摘・修正して、コメントを下段に記しました。

法話——添削例

【起】

本日は、○○○○さんの三回忌法要をお勤めさせていただきました。

法事を追善《ついぜん》供養、亡くなった方に対する供養をする場だと考えておられる方も多いと思います。たしかに法事は、亡くなった方を偲《しの》び供養する場です。しかし一方で、法事には、追善供養とは違う役割もあります。では、それがどういうものであるかを、少しお話しさせていただきたいと思います。

【承】

法事の意味をお話しする前に、まず、お釈迦さまが人生をどのように考えておられたか、簡単に説明いたします。

《コメント》

【起】

まず、今日の法事が何の集まりであるかを述べています。これは大切な確かめです。

次に、法事に対する一般的な了解、つまり亡くなった方の追善供養という意味を確認した上で、もう一つ大切な意義があることを提示して、話の切り口としています。「浄土真宗の」と言葉を補うことによって、私たちがよるべき宗《むね》（教え）を明確にします。

【承】

仏教が説く根本的な苦である「四苦八

お釈迦さまは、人生には四苦八苦《しくはっく》があるとおっしゃいました。「四苦八苦」、みなさん、聞いたことがある方もいらっしゃるでしょう。

①「四苦」とは、四つの苦しみと書きます。四つの苦しみとは「生老病死」のことで、生きる苦しみ、老いる苦しみ、病気になる苦しみ、死ぬ苦しみの、人生における根本的な苦しみのことです。

そして「八苦」は八つの苦しみと書き、人生の根本的な苦しみである四苦に加えて、愛するものと別れる苦しみ、憎むものと会う苦しみ、求めても得られない苦しみ、②心身や環境を形成する色・受・想行・識という五つの要素に執着することによる苦しみ、の合計八つを八苦といいます。お釈迦さまは、どの時代でも、どんな環境でも、どんな身分でも、人生には誰でも平等に、けっして避けられないもの生きていることそのものの苦しみ

……………………………………………………

苦」、なかでも「愛別離苦」を通して、追善供養としての法事の意味を尋ねています。次の【転】につなげる視点を提示しています。

傍線①ですが、お寺以外、たとえばご自宅での法事ならば、黒板などはありませんので、このように仏教語をわかりやすく説明することが大切です。口頭で説明しづらい漢字は、大きな紙に書くなどして、事前に準備しておくといいでしょう。

傍線②は、四苦八苦の一つ、「五陰盛《ごおんじょう》苦《く》（五蘊盛苦《ごうんじょうく》）」の説明です。辞書的な意味はこの通りですが、このままではさっぱりわかりません。難解な仏教語をわ

があるとおっしゃいました。

身近な方が亡くなることは、この八苦の一つ、愛するものと別れる苦しみです。仏教語でいうと、四文字で愛と別れ離れる苦しみと書いて、「愛別離苦《あいべつりく》」といいます。

家族や友人など、かけがえのない大切な人と別れることは、とても悲しく寂しいことです。引っ越しや卒業、離婚などの生別も悲しいですが、死別となると悲しみはひときわ深く、私たちを苦しめます。もっとああすればよかった、こうしてあげればよかったと、悔《く》やむ気持ちをとめられません。

追善供養として行う法事には、故人に対してまだしてあげられることがあると、少しは悲しみを慰《なぐさ》めてくれる役割もあるのでしょう。亡くなった方を供養し、ご遺族の悲しみをやわらげる、追善供養と

かりやすい言葉にいい換えるには、その意味を正確に理解して、しっかりと咀《そ》嚼《しゃく》する必要があります。

私は「生きていることそのものの苦しみ」と意訳しました。五陰盛苦が法話の主題であれば、「生きていること、そのこと自体が苦しみであるとはどういうことか」という点を掘り下げてお話しする必要がありますが、ここでは主題でないので、意訳する程度にとどめています。

しての法事。一般的に、法事に対する認識はそういうものが多いと思います。では、それとは違う法事の役割とは何でしょうか。何のために法事をするのでしょうか。

【転】

それは、聞法の場としての法事です。「聞法」の「聞」の漢字は、話を聞くの「聞く」です。「法」の漢字は、法律の「法」で、ここでいう法とは仏さまの教えを意味します。つまり、聞法とは仏さまの教えを聞くということです。そして、誰がその仏さまの教えを聞くかというと、ここにいる私たちです。

あっ、亡くなった方を「仏」ともいいますが、いま申し上げた「仏さま」とはそういう意味ではないですよ。幽霊が出てきてその話を聞く、ということではないです。

【転】

法事とは亡くなった方を縁として、この場に集まった私たちが仏さまの教えを聞いて（聞法して）、自分の人生と向き合う大切な機会であることを述べています。大切な確かめです。

仏さまとは、お釈迦さまのことです。お釈迦さまがいまここに現れて話をしてくださるわけではありませんので、代わりに僧侶がお話をします。その話を通して仏さまの教えを知るのが聞法です。

ここまで聞いてきて、○○さんのための法事なのに、それがなぜ自分たちのための聞法の場になるのか、と思われた方もいらっしゃるでしょう。もちろん、今日のこの法事は、○○さんの法事です。しかし、法事でのお念仏や法話は、○○さんのためにしているのではありません。○○さんにご縁をいただき、この場に集まった私たちが、お念仏や法話、仏さまの教えに耳を傾けるのです。

耳を傾けたら気持ちが楽になるのか、と思われる方もいらっしゃるでしょう。先ほど、四苦八苦のお話をしました。人が生きている上で、避けられない

傍線③の「仏さまとは」の前に、「ここでいう」を補いました。亡くなった方も諸仏ですし、阿弥陀さまも仏さまです。今回の法話は、お釈迦さまが説かれた四苦八苦を手がかり（話材）として法話を展開しています。ですから、ここでは詳細な説明は必要ありませんが、「仏とは誰か」ということを、自分のなかで再確認しておきましょう。

傍線④ですが、この法話全般を通して、Mさんの体験談や普段思っていることが

苦しみです。④私なんかは苦しいことからはつい目をそらしてしまいがちですが、お釈迦さまはそれらの苦しみと深く向き合われた方です。そんなお釈迦さまのお話を聞くことによって、知ること、気づくことがあります。苦しみのなかでの道しるべとなる、⑤お釈迦さまの智慧を頂戴するのです。

ただし、⑤お釈迦さまの教えは、苦しみを忘れさせてくれる癒しでもなければ、聞けば苦しみが消えてなくなる便利な魔法でもありません。そもそも、お釈迦さまは、四苦八苦を悪いものだと善悪だけで判断してはいません。

私たちは苦しみや悲しみを良くないことと捉えて避けたいと思いますが、避けたくても避けようのないのが四苦八苦で、それらの苦しみが日常のいたるところにあるのが私たちの人生なのです。⑤けっして

具体的に語られていないので、やや硬い、一般論的な法話内容になっています。時間的な制約もありますが、どういう苦しみから目をそらしているのか、あるいは自身の愛別離苦の経験など、具体例を入れるようにすると、親近感がわき、参列者により共感してもらえるのではないでしょうか。

傍線⑤が、この法話で一番重要な箇所です。「お釈迦さまの智慧を頂戴するとはどういうことか」「癒《いや》しや魔法でなければ、いったい何か」「四苦八苦とどのように向き合うか」という点について、できれば自身の了解や受けとめを交えながら、もう少し掘り下げてお話しできる

避けられないものであるからこそ、向き合い、それを受けとめ、どのように生きていくかを、教えていただくのです。

【結】

今日のこの場は、○○さんのご法事です。それと同時に、自分の人生と向き合う機会をいただいた、私たち自身の法事でもあります。○○さんの法事は、これから七回忌、十三回忌と続いていきます。その都度、大切な機会をくださる○○さんに感謝しつつ、仏さまの教えに出遇い、ご自身と向き合う場としてお参りいただきたいと思います。

と、法話としての厚みが出ると思います。

【結】

法事をたんなる追善供養としてではなく、自分と向き合う場としていただくことを確認して、お話を終えています。

ここで大切な視点は、法事とは亡き人を縁として仏さまの教えに出遇わせていただく場であるということです。法事のことを「仏事」ともいいますが、仏さまがお仕事をされる場、つまり「聞法せよ」と私たちに喚びかけてくださる場です。

法話のあと、お茶やお斎の時間があれば、法話内容や日頃の疑問など、ざっくばらんに座談できると、なおいいでしょう。

《補足説明》

伝えたい主題や話の筋道は明確で、よくわかります。しかし、傍線④⑤で指摘したように、Mさんの体験談や具体的受けとめが述べられていないので、法話全体が抽象的、一般論的になってしまっています。このままでは聞き手の共感を得にくいでしょう。

人生経験が少ない若手僧侶や、実務経験がほとんどないまま住職になった方にとって、仏法を〈具体的に〉話すことは難しいと思います。特に、お通夜や還骨《かんこつ》勤行の席などで、大切な方を亡くして悲嘆に暮れている遺族を前に、短い時間で何を話したらいいかわからないというのが、率直な思いでしょう。病気で若くして亡くなったり、事故死や自死であれば、なおさらだと思います。まさに「僧侶力」が問われています。

自分なりに精一杯話すことが一番大切ですが、どうしても言葉が出てこない場合は、「借りものの法話」や「法話のための法話」など、当たり障《さわ》りのない話をするぐらいなら、無理して法話をしないほうがいいかもしれません。

たとえば、同じような悲哀を通して仏法に出遇われた方の書物や冊子の一部を配布・紹介して、「申し訳ありません。私のなかにいま、みなさんにお話しできるようなことはありませんが、これは私が読んで心動かされた文章です。いますぐは無理かもしれませんが、落ち着かれてからで結構ですので、どうか一度お読みください」というように話すのも、僧侶として誠実な態度だと思います。

料金受取人払郵便

京都中央局
承　　認

3938

差出有効期間
2023年3月
31日まで

(切手をはらずに
お出し下さい)

郵便はがき

6008790

110

京都市下京区
正面通烏丸東入

法藏館 営業部 行

愛読者カード

本書をお買い上げいただきまして、まことにありがとうございました。
このハガキを、小社へのご意見またはご注文にご利用下さい。

お買上 **書名**

＊本書に関するご感想、ご意見をお聞かせ下さい。

＊出版してほしいテーマ・執筆者名をお聞かせ下さい。

お買上
書店名　　区市町　　**書店**

◆新刊情報はホームページで　http://www.hozokan.co.jp
◆ご注文、ご意見については　info@hozokan.co.jp

21. 11. 500

ふりがな ご氏名　　　　　　　　　　年齢　　　歳　　男・女	
〒□□□-□□□□ ご住所	電話
ご職業 (ご宗派)	所属学会等
ご購読の新聞・雑誌名 （ＰＲ誌を含む）	

ご希望の方に「法藏館・図書目録」をお送りいたします。
送付をご希望の方は右の□の中に✓をご記入下さい。　□

注 文 書

月　　日

書　　名	定　価	部　数
	円	部
	円	部
	円	部
	円	部
	円	部

配本は、○印を付けた方法にして下さい。

イ. **下記書店へ配本して下さい。**
（直接書店にお渡し下さい）

―（書店・取次帖合印）―

ロ. **直接送本して下さい。**
代金（書籍代+送料・手数料）は、お届けの際に現金と引換えにお支払下さい。送料・手数料は、書籍代計16,500円未満780円、16,500円以上無料です（いずれも税込）。

＊お急ぎのご注文には電話、ＦＡＸもご利用ください。
電話 075-343-0458
FAX 075-371-0458

書店様へ＝書店帖合印を捺印の上ご投函下さい。

（個人情報は『個人情報保護法』に基づいてお取扱い致します。）

第3章　推敲する

1　難しいことをやさしく、やさしいことを深く

法話の原稿を書き終えたら、いざ本番！　といきたいところですが、残念ながらそういうわけにはいきません。**書きっぱなしで法話に臨むのではなく、添削や推敲《すいこう》をしなければなりません。**以下の点に注意しながら原稿を何度も読み返して、該当する項目があれば書き改めましょう。

①主題は明確か。法話の筋道や構成は明瞭か。
②選んだ主題はＴＰＯにふさわしいか。もちいた話材や具体例は適切か。

③引用した聖教の言葉や意味が間違っていないか。
④仏教語などの難解な言葉について、わかりやすく説明できているか。
⑤法話にふさわしくない言葉づかいや差別語を、無意識に使っていないか。
⑥不確かな情報や曖昧《あいまい》なことを、そのまま伝えていないか。
⑦学んだことや知っていることを、全部盛り込んで話そうとしていないか。
⑧一文が長すぎないか。

①主題が明確でない、何を伝えたいかが明瞭でないならば、最初に立ち返って、話材の選定と構成（組み立て）から考え直しましょう。
②TPOを想起しながら、主題や話材が適切かどうか確認しましょう。具体例は必要ですが、説明が長すぎるとただの体験談（感話）になってしまいますし、短すぎると聴衆は状況を理解できずに共有することができません。時間に応じて、適切な分量を心がけましょう。
③聖教の言葉や意味は、聖典や仏教辞典などで確認して正確に引用しましょう。自分に都合よく引用したり、自分勝手な解釈をしたりしてはいけません。また、主題となる言葉やキーワードなど大事な言葉は、何度も繰り返して紹介しましょう。

④仏教語をもちいる場合、わかりやすく説明できているか、身近な言葉にいい換えられないか、よく考えてみましょう。

⑤聞き手にとって不快な内容や不適切な言葉づかいになっていないか、しっかり確認しましょう。差別語や不快表現は、人によって受け取り方が異なる場合があります。自信がない場合は、差別語辞典などで正しく調べましょう。

⑥見聞きした話や情報をもちいる場合、典拠を必ずしも詳細に紹介する必要はありません。しかし尋ねられた場合は、きちんと答えられるようにしておきましょう。

⑦特に初学のあいだは、学んだことや知っていることを全部話そうと力んでしまいがちです。いろいろなエピソード（話材）を盛り込もうとしてしまいます。しかし、十学《じゅう》んだことを十話そうとするのではなく、焦点を絞ったほうが主題は伝わります。「十を知りて一を話す」という余裕を持つことが大切です。

⑧一文が長すぎると聞きづらくなります。主語と述語の関係も曖昧になります。一文を短く切ってテンポよく話すようにしましょう。

上記の注意点を意識しながら推敲したら、可能ならば**身近な人や先輩僧侶に原稿を読んでも**

らいましょう。自分では気がつかなかった点を指摘してもらえると思います。推敲がいきづまったときは、しばらく放っておくのも手です。原稿から離れることで、ふとした瞬間に、また違った構成やアイデアを思いつくかもしれません。

私は法話の内容や構成を考える場合、作家の井上《いのうえ》ひさしさんの、

むずかしいことをやさしく
やさしいことをふかく
ふかいことをゆかいに
ゆかいなことをまじめに……

という言葉を一つの指針にしています。

はじめて法話を作成する場合、どうしても力んでしまって、仏教語を多用した硬い法話になりがちです。難しい教えを難しい言葉で説明することは比較的簡単です。しかし、難しい教えをわかりやすく話すことは簡単ではありません。難しい聖教の言葉も大切ですが、抽象的な原理に終始するのではなく、体験談を取り入れ、自分のなかで深めた言葉で、ときにユーモアを交え、しかし伝えるべき大切なことは真剣に話せるように、推敲を重ねてください。

何度か原稿を書き改めたら、以下の点に注意しながら**声に出して練習します。**

①下を向いて原稿を棒読みするのではなく、実際の法話をイメージして、声の抑揚や緩急に気をつけて、間《ま》を取りながら読んでみましょう。

②時間通りに収まるかどうか確認しましょう。与えられた時間に対して長短があるようなら、原稿を削ったり書き増したりする必要があります。

③緊張すると、どうしても話すスピードが速くなります。これは私の先輩の話ですが、大学の非常勤講師となり、九〇分の講義ノートを作成して最初の授業に臨んだのですが、緊張のあまり早口で説明してしまい、用意した内容を半分の四五分で話し終えてしまった、という笑い話があります。

先に説明した「1分間で200〜250文字」を思い出して、ゆっくり話す訓練を何度もおこないましょう。それでも心配な人は、時間が余ったときに追加できる短い話をいくつか作っておくのもよいでしょう。

④同じ緊張するにしても、何度も同じことを話したり、余計なことをいってしまったりして、時間が足りなくなる人もいます。そういう場合は、時間きっちりではなく短めに作っておいたほうがいいでしょう。

いずれにしても、**法話時間を意識しながら、聴衆が聞きやすい速さで話せるように、何度も練習することが大切**です。ICレコーダーに吹き込んで自分で聞き直してもいいですが、身近な人に聞いてもらって感想や講評をもらえれば一層いいでしょう。余談ですが、私も最初の頃は自分の法話を録音して、あとで聞き直していましたが、あまりにも拙かったので恥ずかしくてやめてしまった経験があります。

とにかく、**「原稿を書く→推敲する→声に出して読んでみる→推敲する→声に出して読んでみる」の繰り返し**です。法話の当日を迎えるまで、何度も推敲して話す練習をしましょう。この過程を積み重ねることによって、原稿を作成する力と人前で話す自信が次第についてきます。

2 小見出し原稿を作る

ここまでくれば、法話の準備もあとわずかです。最後に準備しなければならないのは、「小見出し原稿」を作成することです。「小見出し」とは、文章の章節などにつける見出しのことです。**法話原稿の各段落の要点やキーワードを箇条書きにして、Ａ４サイズの用紙一枚に収まるようにまとめましょう**（Ｂ５サイズ用紙一枚でも構いません）。法話の準備として、原稿

（ここでは「完全原稿」と呼びます）を作成することは必須ですが、しかし実際の場では、完全原稿を読みながら法話をおこなうわけではありません。

テレビ番組で、カンペ（カンニングペーパー）を読みながら司会進行をしている芸能人を見かけますが、視線が動いてカンペを棒読みしているのがよくわかります。したがって法話も、完全原稿を暗誦して、意識しなくてもスラスラと出てくるのが望ましいです。しかし最初からそのようになるのは難しいでしょう。

本来、法話の席には、聖教集（真宗大谷派の場合は『真宗聖典』）のみを持参するのが、法話者の心得かもしれません。しかし、小見出し原稿も持っていって演台に置いておきます（お通夜や法事の席などは除く）。**言葉に詰まったときや何をいえばいいか忘れたときに、小見出し原稿に視線を落とすことによって、次に話す内容や全体の流れを思い出すことができます。**もちろん見ずに話すことができれば、それに越したことはありません（本当に最初のうちは、完全原稿も一緒に演台に広げても構いませんが、できる限り読まないようにしましょう）。

そもそも、**法話は「なまもの」、現代の言葉でいえば「ライブ」ですので、事前に用意してきたものを、ただ読めばいいというわけではありません。**たとえば当日の天候、会場の状況、参詣者の雰囲気に応じて、話す内容や順序、ときには法話時間さえも臨機応変に変更する必要が出てきます。完全原稿だけだと柔軟に対応することが難しいですが、小見出し原稿ならば、それほど縛《しば》られずに済むはずです。

先ほどの参考例1で小見出し原稿を作れば、次のようになります。

【法語】
・何が私を苦しめているのか　自分が握りしめている　その物差しです（坂木力）

【起】〈約△分〉
・娘の誕生と出産の立ち会い

【承】〈約△分〉
・高齢での出産／陣痛促進剤の使用／そして破水
・自然分娩から帝王切開へ／同意書のこと（↓文面を紹介する）
・拍子抜けした気持ち（赤子に対して）↕不安な気持ち（妻に対して）
・「仏さんはお願いごとをする対象ではない」
・予定の時間より遅れて無事に戻ってきた↓ホッとした

【転】〈約△分〉
- なぜ拍子抜けしたり不安になったりしたのか
- 予定時間と実際の時間を比較↓自分が握っている「モノサシ」ではかることによって一喜一憂
- モノサシ↓仏教では　苦しみを生み出す原因
- 自分の考えや知識↓強く握りしめることによって振り回される

【結】〈約△分〉
- 日々の生活で忘れている大切な仏教の教え↓出産を通してあらためて教えられた

要するに、小見出し原稿を見て完全原稿の流れを把握《はあく》できれば（忘れた場合は、思い起こせれば）いいので、小見出し原稿は自分にわかるように作成すればいいです。ただし簡潔にまとめて、A4サイズ用紙一枚に収めるようにしましょう。また、参考例2のように板書する言葉がある場合は、間違いのないように書き写しておきましょう。

これで法話の準備は一通り終わりです。

第4章 「まなぶ」は「まねぶ」

最後に、これは法話の準備というよりも、普段からの姿勢や心がけに近いかもしれませんが、**法座《ほうざ》（法話を聞く集まり）に積極的に足を運んで、いろいろな先生の法話や講話を聞くようにしましょう。**

自分自身が聞法することは当然ですが、それ以外にも、①法座の雰囲気、②講師の所作《しょさ》、③話の構成や展開の仕方、④間《ま》の取り方、⑤聴衆との応答、⑥聴衆の反応などを、肌身《はだみ》で実感しましょう。

どうしても法座に出かけられない場合は、知人に録音してきてもらうとか、インターネットの動画投稿サイトの法話を視聴するのも一つの方法です。しかし、音楽や伝統芸能でも同様ですが、ライブとＤＶＤ（ＣＤ）では感じ方がまったく違うので、法座に出かける機会をできる限り作ってください。

昔から「〈まなぶ〉は〈まねぶ〉」といいます。「学《まな》ぶ」は「勉強する」とか「教えを受ける」という意味で使われていますが、もともとは「まねをする」「ならって、おこなう」という意味があります。また、同じ漢字をもちいて「学《まね》ぶ」とも読みます。「まねてならう」「まねする」という意味で、「真似《まね》る」と語源が同じです。「学ぶ」ことは「真似をする」ことからはじまります。**先達の法話を真似することから学びがはじまる**のです。

私も法話を聴聞する以外に、たとえば節談説教の廣陵兼純《ひろおかけんじゅん》先生や講談の神田伯山《かんだはくざん》（前名：神田松之丞《まつのじょう》）さんのＤＶＤを見て、声の抑揚や間の取り方、話の構成方法などを学んだりしています。

また、「守破離《しゅはり》」という言葉もあります。ものごとを学ぶときの過程を三段階で示したもので、昔から日本の武道や茶道などの伝統的分野で使われてきました。

守……型《かた》を守ること。師の教えや型を忠実に守り、確実に身につける段階。

破……師の教えを破ること。教えられた型を自分のものにしたあと、別の考え方や独自のやり方を導入することで、自分に合った型を作っていく段階。

離……師から離れること。自分独自の表現方法を生み出し、確立していく段階。

近年は、各人の個性を尊重する教育のせいか、昔から守られてきた型を学ぶことなく、旧来の教えをいきなり破ろうとする、あるいは自己流を大切にする傾向があります。しかし、それは第二段階以降であって、第一段階ができないうちはすべきではありません。

歌舞伎《かぶき》などの芸術分野で、新しいスタイルを生み出すことを「型破り」といいます。一般的には「常識にはまらないこと、風変わりなこと」を意味しますが、これは型がきちんと完成した上でおこなうことです。型ができないうちから別のスタイルを取り入れることは、「形無《かたな》し」（本来の価値を失うこと。台無し）といいます。まずは基礎が大事だということを教えています。

この考え方は、芸道や芸術だけに限らず、勉強や仕事、遊びやスポーツなど、すべてにおいて当てはまります。最初からクリエイティブな自分らしいやり方はできません。まずは「まねぶ」、ここからはじまります。この過程を経ずして、ものごとを習得したり成し遂げたりすることは、ほとんど不可能でしょう。

これは法話においてもまったく同様です。**初学のあいだは、まずはしっかりと法話の基本、基礎について学ぶべき**です。そのためにも、ぜひいろいろな先生の法話や講話を聞くようにしましょう。なお、いうまでもありませんが、ここでいう「先生」とは、自分よりも年長の先輩僧侶だけを指すのではありません。自分より年少の人も、ご門徒さんも、自分にとってはすべて先生であるという自覚を持って聴聞しましょう。

怠《おこた》ることなく研鑽《けんさん》を続けていくことによって、法話力は着実に身についていきます。

コラム2 本山法話での大失敗

私はこれまで、本山《ほんざん》（真宗本廟《ほんびょう》・東本願寺）での報恩講法話の機会を二回頂戴しました。

一回目は東日本大震災が起きた二〇一一年です。本山でのはじめての法話ということで緊張しましたが、自分なりにしっかり準備して精一杯お話しさせていただいたつもりでした。

後日、本山から、法話の様子を収録したDVDが記念に送られてきました。動画という形で見返すと、話の内容はともかくとして、衣体《えたい》の乱れや身体《からだ》の揺れが気になりました。大変恥ずかしかったのですが、これもよい教材と思い、大学の授業で学生に見せて、自分の法話に自分でダメ出しをしながら解説しました。

二回目は二〇一五年でした。前回は、勤行後に門徒の感話と僧侶の法話があったのですが、形態が変わり、法要（勤行）がはじまる前の限られた時間で、感話と法話がおこなわれることになりました。

控室で、感話をされるご門徒さんと本山職員の方々と打ち合わせがありました。

ご門徒さん曰《いわ》く、「原稿を書いてきたけれども、分量が多くて、与えられた時間よりオーバーするかもしれません」。

職員曰く、「法要の開始時刻が決まっていますので、法話の終了時間がきたら、「終わってください」という紙を広げて知らせますから、気をつけてください」。

その頃の私は、いろいろな法座に呼ばれはじめていて、経験もそれなりに積み重ねていたので、ある種、慢心していました。ですから、「時間の調整は任せてください。どうにでもなります」と安請け合いをしました。

いざ御影堂《ごえいどう》に案内され、定刻を待っていると、建物が揺れはじめました。どうやら地震です。あとでわかったことですが、京都市は震度4の揺れでした。堂内はざわつき、緊急の館内放送も入りました。数分して落ち着きを取り戻し、ご門徒さんの感話がはじまりました。

事前に聞いていた通り、所定時間よりオーバーして終わりました。さて私の法話です。他所のお寺でお話しして好評だった話を、自信満々に話しはじめました。

ここで私は、地震でそもそも開始が遅れ、感話も時間オーバーして、法話時間が予定よりも非常に短くなっていることを、頭ではわかっていたつもりですが、本当はわかっていませんでした。

母が旅先で骨折した話（「承」）を長々と話してしまい、肝心の「南無阿弥陀仏の生活」という教え（「転」）に入る前に、「終わってください」の紙を提示されてしまいました。気が動転して、一番大切な箇所を十分に展開できずに、中途半端のまま法話を終えることになりました。高《たか》を括《くく》った結果、大失敗しました。

「準備篇」で、「法話はなまもの」「時間はきちんと守る」「用意した原稿に縛られない」「臨機応変に対応できるように」と述べたのは、以上のような失敗経験にもとづいています。

苦い思い出であり、あのときに御影堂でお参りくださっていた全国のご門徒さんには、拙話をお聞かせして大変申し訳ない限りです。しかし私にとっては、大失敗を通して大切なことを教えていただいた本山での法話でした。

実践篇

気をつけること

第1章 法話前

1 日時・場所・衣体などの確認

法話の準備が無事済んだら、次はいよいよ人前で話すことになります。本篇では、法話をするに際して、注意すべき基本的なことや、ちょっとしたコツを紹介します。

ただし、ここに記す「コツ」は、あくまで仏法や自分の受けとめを、聴衆に正確に伝えるための話法です。技巧《ぎこう》（テクニック）に囚《とら》われすぎないように気をつけてください。

自坊での法事や法要の法話ならば、確認は必要ないかもしれませんが、他寺院での法話の場合、**日時・場所・法座の趣旨・法話時間・衣体《えたい》・交通手段などを、再度確認しておきましょう。**特に衣体については、最近はスーツに間衣《かんえ》・輪袈裟《わげさ》（畳《たたみ》袈裟）・念珠《ねんじゅ》という格好も増えてきましたが、白服《はくふく》（白衣）着用が必須、あるいは望ましい場合もあります。はじめてうかがう場所は特に確認が必要です。

また、**忘れ物をしないように事前にしっかり確認しましょう。**私はかつて他寺院での法話で、間衣・輪袈裟・念珠の一式を忘れたことがあります。お借りすることもできましたが、そのときはスーツ姿のままで臨み、忘れたことをお詫びした上で、そこから法話につなげていきましたが、けっして褒《ほ》められることではありません。蓮如上人は、「珠数《じゅず》すら持たずに拝むのは、仏さまを手づかみにしているのと同じだ」と戒めています（『御文』第二帖第五通、意訳）。自戒の念を込めて、忘れ物には十分に気をつけなければなりません。

2　身なりを整える

人前に出るときに身なりを整えることは、法話に限らず大切なことです。昔から「一声《いちこえ》・二《に》節《ふし》・三男《さんおとこ》」といわれてきました。すぐれた説教師の条件とは、第一に声がいいこと、第二に節回しが上手であること、第三に容貌《ようぼう》がいいこと、という意味です。『枕草子』（第三一段）にも、「説経《せっきょう》の講師は、顔よき。講師の顔をつとまもらへたるこそ、その説くことの尊さもおぼゆれ」（説経の講師は顔が良いほうがいい。説経師の顔に見とれて、じっと見続けていてこそ、説き聞かせる仏法の尊さも自然に感じられるものだ）という言葉があります。

「三男」は、現代では問題のある表現かもしれませんが、私は「男前であること」というよりも、「身なりをきちんと整えていること」と了解しています。法話の場ですから、オシャレである必要はありません。華美な装身具（イヤリングやネックレスなど）も厳禁です。しかし、清潔感など**最低限の身だしなみは整えておきましょう。**衣体の皺《しわ》やほつれ、衿元《えりもと》の乱れ、白服・足袋《たび》の汚れも確認しておきましょう。

3　発声練習をする

声質は天性のものですが、ある程度は訓練することができます。「一声」というように、昔の説教師は、滝の音に負けぬように大声を出して修業したり、喉をつぶすことによって枯れない声を習得したりしたそうです。

別にそこまで修業しなくても、よい声でなくても聞きやすい声で話せるように、**普段から発声練習や深い呼吸（腹式呼吸）の訓練をしておきましょう。**深い呼吸ができるようになると、息が長く続き、大きく通る声が出るようになります。声量や滑舌は、意識して訓練することで改善します。

声帯を動かす喉の筋肉は、加齢や使わないことによって衰えていくそうです。いまから十五年ほど前、私はアパートにこもって、誰とも話すことなく博士論文を書いていた時期がありました。数日ぶりにコンビニに出かけて店員さんと話そうとしたら、まったく声が出なくて愕然《がくぜん》とした経験があります。たった数日、話さないだけで声が出なくなったのです。

私はいま、朝一番の法話の前には、自家用車での移動であれば、車中で「ア・エ・イ・ウ・エ・オ・ア・オ」と発声練習をしています。大学生時代に演劇部の学生がおこなっていましたが、これはアナウンサーや役者の発声練習方法で、この順番が滑舌をよくし顔の筋肉をほぐすそうです（吉川美代子『アナウンサーが教える　愛される話し方』参照）。また、体温程度の水を飲むと声帯が潤《うるお》って、ガラガラ声が改善されます。

音声学の研究者によれば、声には体格（身長や骨格）や体調（病気の有無）が表れるそうです。まさに「声は人を表す」ですから、普段から気をつけておきましょう。

4　一緒にお勤めする

どのような法座でも、法話の前には勤行があると思います。自分が導師を勤めるときはいうまでもありませんが、法話に招かれた場合であっても、**勤行はできる限り一緒にお参りしましょう。**

法話の開始時間ぎりぎりまで、控室で原稿を確認していたいかもしれません。また、「法話の案内があるまで、控室で心身を整えて静かに待つこと」という指南もあります。寺院や地域によって、しきたりが異なるかもしれませんが、特に初学のあいだは、可能な限り一緒にお勤めしましょう。

あるお寺で、法話を研究している若手グループのリレー法話があり、聴聞したことがあります。私は勤行からお参りしていましたが、彼らが出てきたのは勤行が終わってからでした。遅刻したわけではなく控室にいたようでした。住職から、「お勤めは結構ですので、控室でお休みください」という案内があったのかどうかはわかりませんが、やはり一緒にお参りしたほうがいいのではないかと思いました。

参詣の方々と一緒にお勤めすれば、普段どのようなお経に親しんでいるのかがわかります。また、本堂の造りや大きさ、参詣者の数や顔ぶれを事前に確認することもできます。特に**はじめてうかがう場所は、時間ぎりぎりに到着するのではなく、余裕をもって到着するようにしましょう。**時間があれば、法話の際の入退出の仕方なども、住職に確認しておくとよいでしょう。

第2章 法話中

1　一期一会を心がける

法話は一期一会《いちごいちえ》です。次回も話す機会があるとしても、その場は一度限りであり、同じ法座は二度とありません。仏教に「対機説法《たいきせっぽう》」「応病与薬《おうびょうよやく》」という言葉があります。お釈迦さまは、教えを説く相手の能力や性質（機）、あるいは悩み（病）に応じて、説法（薬）の仕方を臨機応変に変えられました。

もちろん、私たちにそのような説法は不可能です。しかし、法話をするに際して、**一期一会を心がける**とか、**ＴＰＯをよく考える**とか、**聴衆との応答を大切にする**ということを念頭に置くならば、法話に対する心構えも少しは変わってくるのではないでしょうか。

特に緊張していると、間《ま》や沈黙を恐れて、演台に立つなり、すぐに法話をはじめてしまいがちです。そんなときこそ、あわてずに一息ついて、呼吸を整えて、いつもよりゆっくり話しはじめるようにしましょう。「はじめシンミリ」です。**間があるほうが、聴衆も聞く姿勢が整いますし、場の雰囲気も静かになります。**最初に合掌一礼を忘れないようにしましょう。

2　声の大きさに注意して、語尾はハッキリと

多くのお寺（会場）ではマイクが用意されていると思いますが、マイクの使い方が下手《へた》な人が多いです。ただ漫然と使うのではなく、**口元とマイクの距離や音量などに気をつけましょう。**ピンマイクの場合、輪袈裟につけると重みでずれていくことがありますので、法衣の衿元につけるようにしましょう。

そして、**お寺の規模に応じた声量で話すように気をつけましょう。**作曲家で指揮者の伊東乾《いとうけん》さんは、自分の声が建物の一番奥に当たって反響する音を聞いて、どれくらいの音量で話せばマイクを使わずに聞こえるか、自分の耳で測りながら講演しているそうです（『現代と親鸞』第

二一号、参照）。マイクがあるからといって安心せずに、後ろの聴衆まできちんと届く大きさで話しましょう。

また、すでに述べたことですが、早口ではなくゆっくり話すこと、モゴモゴと小声で話すのではなく通る声で話すように心がけましょう。特に日本語は一文の最後に結論がきますから（○○です or ○○ではありません）、語尾を明瞭に発音しましょう。

話はゆっくり、語尾はハッキリ、教えはしっかり、です。

3　顔をあげて、視野を広く

「準備篇」で、「完全原稿は読まない。小見出し原稿を見るのも最小限にとどめる」と述べました。では、法話の最中はどこを見て話をすればいいのでしょうか。初学のあいだは余裕がないかもしれませんが、できるだけ**顔をあげて、聴衆の表情や反応を確認しながら話をするようにしましょう。**

スピーチのマニュアル本を読むと、「聴衆の目を見て話すことが大切」とか、「誰か一人、視線が合う人、あるいはよく頷《うなず》いてくれる人を探して、その人を意識しながら話す」と書いてあります。しかし、ずっと視線を合わせて話をされると、聞くほうは緊張するものです。視線を合わせることは大切ですが、特定の人に固定することなく、本堂の左から右、あるいは右から左、前から後ろ、あるいは後ろから前にゆっくり移動させながら、**全体を見渡しながら話すようにしましょう**。もちろん、キョロキョロとあちこちを向くのはよくありません。

余談ですが、最近、インターネット配信用に撮影した法話を拝見する機会があります。これは従来の法話とは異なり、聴衆はカメラの向こう側にいる不特定多数の方々です。したがって話し手は、聞き手の表情や反応をうかがいながら話すことはできません。また、法話はカメラに向かって話す政見放送とは違いますから、視線のやり場にも困ります。

配信者側の「何とかして仏法を届けたい」という願いは尊いです。しかし、やはり法話は、一方的に発信するものではなく、話し手と聞き手の対話、応答の上に成り立っているのだと、あらためて教えられた次第です。

4　椅子には座らない

演台とともに椅子が用意されている場合があります。使用するかしないかは、当日の体調や年齢もありますので一概にいえませんが、私は身ぶり手ぶり、全身を使って法話がしづらくなるので椅子には座りません。それに**椅子に座ると、どうしても視野が狭くなってしまいます。**聴衆も話し手の顔や姿がよく見えなくなります。

また、私は演台の後ろ側にずっと立ち続けることはしません。「演台の前面や横側に立つのは、品が悪く目障《ざわ》りである」という指南もあるようですが、私は必要に応じて演台の前や横に立ちます。演台という垣根を越えて、全身を見せながら聴衆に近づくことによって、親近感や一体感を得られると思うからです。

アップル社の創設者であるスティーブ・ジョブズ氏に代表されるように、海外ではプレゼンの際に演台をほとんど使用しません。やはり、演台という「ある種の壁」を取り払って、全身を見せて表現することによって、聴衆の注目を惹《ひ》きつけるという効果があるのでしょう。法話はプレゼンとは異なりますので注意が必要ですが、学ぶべき点は多いと思います。

5　言葉は短く、間を大切に

言葉は短く切って、スパッと話すことが大切です。読点《とうてん》（、）ではなく句点《くてん》（。）を意識して、しっかり切りましょう。一文が長いと趣旨が曖昧になります。

言葉をつなぐときに、「えー」とか「あのー」という言葉を多用する人がいます。また、語尾を不自然に上げたり伸ばしたりして発音する人もいます。聞く側からすると、どちらも耳障りですが、自分ではなかなか気がつかないので、録音したものを聞くか、誰かに聞いてもらって指摘してもらいましょう。

話す際は、淡々と語ることも大切ですし、身ぶり手ぶりを交えながら躍動的に語ることも大切です。**声の強弱・抑揚・緩急に気をつけましょう。**

特に、間の取り方は非常に重要です。初学のうちは、無言の時間が怖くて間をあけずに話してしまいがちです。しかし、話し手の言葉の意味が聞き手にきちんと伝わるには、少なくとも3秒はかかるそうです。話しっぱなしだと、聴衆は聞いた内容を自分のなかで整理できずに、話についていけなくなります。

間がないことを「間抜け」といいますが、間はたんに空白の時間ではありません。大切な事柄を伝えるために、そして次の話を展開するために、必要な時間です。**沈黙を恐れずに、間をうまく使いこなしましょう。**

6　板書は大きく、要点のみ

重要な言葉や難解な仏教語、同音異義語などは、黒板やホワイトボード全体を使って、後ろの席からでも見えるように大きく書きましょう。その際に、正しい筆順で丁寧に書くことも大切ですが、**大きく読みやすい字で書くことを心がけましょう。**もちろん誤字は論外なので、自信がない字は事前に確認しておくことが必要です。

黒板などがない場合は、口頭で文字を説明できるようにしておくか、スケッチブックを持っていくなど工夫しましょう。最近では、パソコン（スマートフォン）とプロジェクターをもちいて法話をおこなう人もいますが、不測の事態で使えない場合のことも考えておく必要があります。

また、紹介する聖教の言葉が長く、黒板に書き写すのに必死で、聴衆に対してずっと背を向けている人がいます。法話は大学の講義ではありませんので、**要点のみを簡潔に記すことが大切**です。どうしても紹介する言葉が多い場合、あるいは聴衆に持ち帰ってほしい言葉がある場合は、プリントを配布するという方法もありますが、これもＴＰＯに応じて考えましょう。

大切な言葉や主題となる言葉は一度だけではなく、何度も繰り返して紹介しましょう。

7　困ったときは聴衆に甘える

法話中に焦《あせ》りが生じる一番の原因は、原稿作りと話す練習の不足だと思います。しかし、原稿をしっかり作り、話す練習を何度してきても、緊張のあまりあがってしまって、頭が真っ白になる経験は誰しもするものです。私も経験があります。そのときは言い訳や弁解などをせずに、あがってしまって話が飛んでしまったことを素直に伝えましょう。過度な卑下《ひげ》や弁明は必要ありません。

法話はスピーチコンテストではありませんので、**上手でなくても誠実に話すことが大切**です。あがった自分も含めて一期一会だと受けとめましょう。言葉に詰まったときは、聴衆に話を振ってみたり、どこまで話したかを聞いてみたり、**聴衆に甘えることも大切なやりとり**になります。

8　余韻を大切に

「準備篇」でも書きましたが、法話時間を守ることは基本中の基本です。たまに終了時刻を過ぎても、「あと五分」といって話を続ける人がいますが、**ゆとりをもって、時間いっぱいまで話さないことが大切**です。

法話の終盤になって、別の具体例を話しはじめた結果、それが主題とどのように関わるのか、十分に説明し切れないまま終わってしまうこともあります。話が中途半端のまま終わってしまうと、結局何の話だったのかわからなくなり、せっかくの法話が締まらなくなります。**最後のまとめの時間を十分に取りましょう。**

もし仮に時間が余ってしまったら、困ったり焦ったりする必要はありません。聴衆と一緒に、今日の話を最初から再確認するぐらいでいいのです。長時間の法話であればあるほど、余韻《よいん》を大切にしましょう。

第3章　法話後

1　全体を振り返る

法話が終わったら、「やれやれ終わった」とホッとしたいところですが、それで済ませてはいけません。一息ついてからでいいので、**法話全体を振り返る時間を持ちましょう。**「準備篇」の「第3章　推敲する」（83頁〜）で挙げた注意点以外に、

①準備した原稿の通りに話せたか。不必要な脱線はしなかったか。
②原稿に不備はなかったか。
③法話内容は聴衆に伝わったか。聴衆の反応はどうだったか。

④所作や話し方は適切であったか。

⑤緊張はしなかったか。もししたのなら、原因はどこにあるか。

⑥時間通りに終えることができたか。

などを確認しましょう。録音したものを自分で聞き直してもいいですし、身近な人や先輩僧侶に聞いてもらって、指摘やアドバイスを受けて、自分自身では気がつかない悪癖を直すように心がけましょう。また、**反省をもとに原稿を書き改めることも必要**です。

法話は、先にも述べたように一期一会ですから、終わった法話をやり直すことはできません。しかし、**一つ一つを丁寧に振り返り、至らなかった点を反省して、次回に活かす**ことによって、ゆっくりでも着実に法話力を身につけることができると思います。

なお、他寺院でのはじめての法話や、遠方に出講した際は、礼状を出したり帰宅後の連絡なども忘れないようにしましょう。

2　法話帳を作る

いつ、どこで、どのような内容の法話をおこなったかを記録したノートを作ることをお勧めします。備忘録になりますし、同じ聴衆に対して同じ法話をするという失敗を避けることができます。

昔の説教師は「布教日誌」をつけていたと聞きます。私も法話帳を作成して、①日時、②法要名、③法話の座（席）数、④参詣者の数、⑤法話内容（箇条書き）、⑥その他の覚え書き、を記しています。

3　メモ書きで法話をする

この「3　メモ書きで法話をする」と、次の「4　日頃から準備しておく」は、法話後にすべきことというよりは、今後の課題になります。

法話の場を何度も重ねて慣れてくれば、完全原稿を作るのをやめて、**メモ書き（小見出し原稿）だけを作成する**ようにしましょう。作成する手順は、これまでに説明したのと同様です。

完全原稿を作ると、仮に法話の場に持ち込まなくても、どうしてもその通りに話さないといけないと思って、話をなぞってしまいます。あるいは、思い出すことに神経を使ってしまいます。「準備篇」でも述べましたが、一度文章にした原稿を、その場で臨機応変に組み替えて話すのは、意外と難しいものです。

もちろん、メモ書きも見ずに、聴衆のほうをしっかり向いて、応答を大切にしながら話せるようになれば、なおいいですが、話す内容は事前にきちんと考えておきましょう。メモ書きに縛られずに話すことと、事前準備をせずに法話に臨むこととは、まったく異なります。

4　日頃から準備しておく

法話の機会は、いつやってくるかわかりません。特に初学のあいだは、急に法話を考えるのは難しいと思います。**日頃から法話の材料を意識的に収集しておくことが大切**です。思いついたことや大切だと思う法語をメモする程度でも、気になった記事や言葉を集めておくだけでも構いません。法話帳に綴《と》じておいてもいいでしょう。

前項で述べたように、法話に慣れてくれば、メモ書きや新聞記事一つで法話をすることができるようになってきます。また、収集した話材をＴＰＯに応じて組み合わせながら法話をすることもできます。日頃から準備しておけば、いざというときに役に立ちます。

コラム3 スーパーに学ぶ

選挙の応援演説をおこなう政治家が、第一声の挨拶をご当地の方言で切り出して、聴衆の心を惹きつけようとすることが、しばしばあります。法話のコツでも、事前に地元新聞に目を通して、当地の情報やネタを収集しておくことが大切だといわれます。

私は、はじめてうかがう遠方での法話や講演の場合、時間があるときは必ず地元のスーパーマーケットに立ち寄ることにしています。同じ真宗門徒といっても、住んでいる場所や環境が異なれば、風習や生活様式、そして考え方も違います。

私は普段、太平洋に面した東海地方に暮らしています。海産物一つとっても、日本海側や東北地方、北海道や九州のスーパーでは、食べたことも見たこともない魚介類に出合うことがあります。地元の人々の日常生活に触れることで、どういう風習や生活文化があるのかを少しでも知り、法話の内容に役立てたりします。

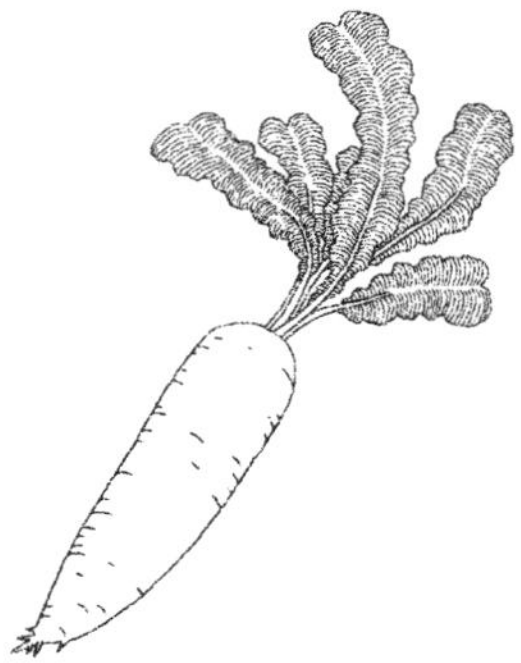

スーパーに立ち寄る時間がないときは、駅前の土産物店めぐりで済ますこともありますが、やはり観光客相手に売っている名産品と、地元の方が普段使っている日用品とでは、まったく異なります。

たとえば、私は三重県松阪市在住ですが、観光に訪れた知人を食事に案内するならば、やはりまずは松阪牛ということになるでしょう。しかし地元では、焼肉といえば鶏《とり》の味噌《みそ》焼きが有名ですし人気もあります（いわゆるB級グルメです）。これは別に松阪に限った話ではなく、どこの市町村でも同じではないでしょうか。

その土地で暮らす人々の実際の姿や考え方を本当に知ろうと思うならば、やはり最低でも一年は住んでみなければならないでしょう。もちろん、そういうわけにはいきません。しかし、限られた時間でその土地の普段の顔を教えてくれるのが、スーパーだと思います。

「理念篇」で、「法話の題材は日々の生活のなかから生まれてくる」と述べました。であるならば、日常の些細《ささい》な出来事に敏感であること、日頃から「感性」というアンテナを張りめぐらせていることが大切ではないでしょうか。

法話というと、とかく話すことばかりに気を取られます。たしかに法話の内容や話法を研鑽することは大事です。しかしその前に、なにげない日々の生活のなかに、時代の気配を、そして人間存在に関わる普遍的な問題を、感じて掬《すく》い取っていくことが、法話をする者に求められていると思います。

おわりに

聞いて、書いて、語る

「法話とは何か」「法話の原稿はどのように作るか」「法話をする際に気をつけることは何か」。本書では、法話の理念、準備、実践の基本について、順を追って具体的に説明してきました。ここに書いたこと自体は、それほど難しい内容ではなく、一読すれば理解していただけることばかりだと思います。しかし、**頭でわかるのと実際にできるようになるのとでは、まったく異なります。**

私事ですが、昨秋から、ある技術を習得しようと一人で訓練しています。これまで学んだことも考えたこともない分野なので、文字通りゼロからの出発でした。参考となる情報は書籍やインターネット上に無数にありますが、どれを信用すればいいか、どの方法が自分に合っているか、さっぱりわかりません。本や記事を読み漁《あさ》り、一通り理解した上で実際にやってみるのですが、失敗の連続です。

頭では理解しているつもりでも、いざ目の前にすると心身がうまく反応しないのです。たんなるコツの習得ということではなく、基本的な心構えが非常に大切なのだと知らされました。知っていても実際にできないのは、本当に身に染みて腑《ふ》に落ちていない証拠であることを痛感しました。

半年ほど経った頃から、ようやく自分に合った方法が見つかり、いまはそのやり方を試行錯誤しながら磨いている段階です。「守破離」でいえば、「守」から「破」に移行する途中というところでしょうか。

何かを習得する際の学習定着率を示した「ラーニングピラミッド」という図形があります。学習方法について、ただ読書するだけだと10パーセントの定着率ですが、デモンストレーション（実演を見る）だと30パーセント、実践を通して自ら体験すると75パーセントまで上昇するそうです。

これは法話も同じです。私が知っている法話の基本は、この本に書き尽くしたつもりです。

あとはみなさんが実践して、心身を通して学んで、また本書へ戻って確認して、ふたたび実践する。つまり、インプットとアウトプットを繰り返していくことが大切です。

法話は、「聞いて、書いて、語る」ことが肝要《かんよう》です。


以下に、「チェックリスト」と「参考資料」を付録しています。

チェックリストは、本書で紹介した「法話のきほん」をまとめて一覧にしたものです。読み終えたあとの振り返りとして、また法話をおこなう際のチェック項目としてご活用ください。ただし、特に大切な点のみを抜粋していますので、このチェックリストだけに頼らずに、本文を読み返して、ご自身が重要だと思う項目を書き加えていってください。

参考資料は、私が実際に目にした法話に関する書籍などを掲載しました。浄土真宗に限らず他宗のものも列挙しています。本書執筆に際して参考にしたものもありますし、読者の学びの手がかりになることを願って掲げたものもあります。これ以外にも多数ありますが、残念ながら入手できませんでした。

法語や聖教の言葉を検索できるウェブサイトも、代表的なものを挙げておきました。必要に応じてご利用ください。なお、仏教辞典や法話集（法話題材集）の類は、多数出版されていますので紹介していません。

本書で述べたことが、みなさんの法話力を養う一助になれば幸いです。

チェックリスト

理念

□仏法に出遇った事実、そして出遇った仏法そのものを語る。
□具体的に、自分事として語る。
□「赤表紙」（真宗の教え）と「新聞」（現実の諸問題）のあいだで憶念し続ける。
□聴衆に語るという形を通して、自分自身が聞法する。

準備

□主題・テーマを明確にする。
□収集した話材や、調べた法語（聖教の言葉）の意味を、主題にそって組み立てる。
□法話時間に応じた完全原稿を作成する（1分間で200～250文字程度）。
□原稿を何度も推敲し、書き直して、実際に話す練習をする。
□完全原稿のほかに、要点をまとめた小見出し原稿を作成する。
□普段からいろいろな法話を聞く。先達にまねぶ（まなぶ）。

実践

□一期一会を心がける。TPOをよく考える。
□声に強弱・抑揚・緩急をつける。語尾はハッキリと話す。
□沈黙を恐れずに、間《ま》を大切にする。
□板書は大きく、要点のみを記す。
□終了時間は厳守する。

参考資料

書　籍　A……法話の意義や心得、手引き　B……法話や説教の歴史、人物伝

小泉義照著『最新　布教法十講』（真宗聖典普及会、一九三三年）……A
布教研究所編『布教法入門』（百華苑、一九六一年）……AB
関山和夫著『説教の歴史的研究』（法藏館、一九七三年）……B
関山和夫著『説教の歴史——仏教と話芸』（岩波書店、一九七八年）……B
僧侶必携編集委員会編『僧侶必携』（永田文昌堂、一九八〇年）……A
中央仏教学院編『伝道要義』（本願寺出版社、一九八二年）……A
山口教区布教団青年布教使の会編『布教を志す方々へ』（探究社、一九九三年）……A

関山和夫監修・谷口幸璽著『「節談」はよみがえる――やはり説教は七五調』（白馬社、二〇〇四年）……B
勝友会編『布教必携』（本山佛光寺、二〇〇五年）……A
節談説教研究会編『節談説教』（節談説教研究会、二〇〇八年～）……AB
波佐間正己著『法話布教の手引き』（探究社、二〇一三年）……A
直林不退著『名人木村徹量の継承者　神田唯憲の節談』（節談説教研究会、二〇一四年）……B
大須賀順意著・府越義博編訳『現代文　説教の秘訣　増補版』（国書刊行会、二〇一四年）……A
阿部圭佑著『話道――仏教法話の実践』（国書刊行会、二〇一五年）……A
神子上惠了述・洗聲会編『新編　現代説教の真髄』（自照社出版、二〇一七年）……AB
佐野俊也著『法話の心得――仏法を伝える人に』（心力舎、二〇一九年）……A
直林不退著『布教技法としての節談』（永田文昌堂、二〇二〇年）……AB

ウェブサイト

真宗大谷派（東本願寺）真宗聖典検索サイト

『浄土真宗聖典』オンライン検索

『浄土真宗聖典』聖教データベース

『浄土真宗聖典全書』聖教データベース

大正新脩大蔵経テキストデータベース

浄土真宗本願寺派総合研究所（「布教伝道の基礎」内の「法話の作り方」など）

あとがき

「はじめに」でも少し述べましたが、「法話」をとりまく現状と、本書執筆の具体的動機を、あらためて記したいと思います。

私は現在、四十三歳です。宗門の大学を卒業しましたが、在学中に法話の理念や仕方について学んだり教えてもらったりした経験はありません。二十代半ばから、自坊や他寺院で法話をさせていただくようになりましたが、これまで独学というか自己流でおこなってきました。その後、同朋《どうほう》大学に教員として赴任し、教師資格の取得を目指す学生や若手僧侶と接するなかで、多くの人が法話について悩んでいたり、苦手意識を持っていることを知りました。

では、法話について学ぼうと思い立った場合、どのような手段があるでしょうか。身近な先輩僧侶からアドバイスを受けたり、実際に法座に足を運ぶ以外だと、まず思いつくのは、法話に関する書籍やインターネット上の情報を探し出すことでしょう。書籍を検索すると、浄土真宗や他宗の法話に関する図書を見つけることができます。また「法話」「作り方」で検索すると、浄土真宗本願寺派総合研究所が作成しているウェブサイトを見つけ出すことができます（「参考資料」で紹介）。

いずれも参考にはなりますが、これからはじめて法話をおこなう者が一人で読んで、実際にできるようになるかというと、なかなか難しいと思います。なぜなら、法話作成の骨子や注意点は述べられていますが、「はじめに」で述べたように、初学の方を対象とした詳細な説明や作り方、具体例が乏しいからです。また、初学者がはじめて聞くような難解な言葉も見受けられます。

真宗他派や他宗には布教使（布教師）という資格があり、養成機関や講習で研鑽することができます。しかし、現在の真宗大谷派にはそのような制度はありません。そこで、各教区がおこなっている法話研修や、有志の学習会に参加するということもあるでしょう。そういう場所が、自分が所属する教区や近隣にあればいいですが、そうでない場合、あるいは普段はお寺以外の仕事に就いていて参加できない場合は、学びの機会を得られないのが実情でしょう。

また、YouTubeなどの動画投稿サイトで、真宗に限らず著名な僧侶の法話を視聴することができます。しかしこの場合も、一つのお手本にはなりますが、ただ観ているだけで法話力が身につくわけではありません。

あるいは、近年、節談説教という伝統的な説教形態が見直され、各地で大会や研究会が開かれています。衰退しかけた時期もありましたが、近年の再興隆にともなって、関連する書籍やDVDなどを簡単に手に入れることができます。しかしながら、そもそも節談説教とは、師匠に随行修業《ずいこうしゅぎょう》するか合宿形式で研鑽しながら、独特の発声方法や台本（原稿）の作り方などを、口伝《くでん》によって継承・習得していくものです。台本の構成については、「準備篇」で紹介しました。しかし、節談説教そのものを真似しようとしても非常に難しいですし、そもそも一般的な法話の形態とはまったく異なります。

このように、法話の基本を一人で学ぼうと思っても、なかなか困難な状況であるといえます。

私が在職した同朋大学では、幸いに「法話実習」の時間があり、実際に学生が原稿の作成から発表までをおこないます。学生どうしの発表や感想、そして先生方の指摘やアドバイスを通して、多くのことを教えていただきました。また私自身、大学の教壇に立つかたわら、年間、五十前後の法座にご縁を頂戴するなかで、気づかせていただいたことや、気をつけていることがありました。

これら法話の基本やコツなどを、Ａ４サイズ用紙一枚、約二十箇条にまとめ、「法話のいろは」と題して、学生をはじめとして有縁の方々に配布してきました。本書は、その「いろは」をもとに、法話の理念、準備、実践を体系化して、これまで口頭で説明してきた部分を文章にしたものです。

「はじめに」で述べたように、真宗大谷派では、すべての教師養成校において法話実習の時間を設ける方針を打ち出しました。たしかに、教員の直接指導のもと、法話原稿を作成し、添削を受け、一緒に学ぶ仲間やご門徒さんの前で発表して研鑽できれば一番いいでしょう。しかし、すでに教師資格を取得された方や、教師養成校に通学できない方などは、法話について専門的に学ぶ機会がなかなか得られないと思います。

そこで、そういう方々が、一人でも法話の基本について学べることを願って、また誰もが手に入れられることを願って、本書を執筆・刊行することにしました。いわゆるハウツー本にならないように気をつけたつもりですが、本来は私のような若輩者が出版すべき書籍ではないのかもしれません。ご批判は覚悟の上ですが、願いをお汲《く》み取りくださり、ご意見やご指摘を頂戴できれば大変ありがたく存じます。

本書の出版をきっかけとして、向後、諸先輩方の法話に関するご教示やご指導が、広く公開されることを願っております。

本書の出版に際して、多くの方々から甚深のご高配をたまわりました。法藏館編集部の満田みすずさんには、この企画をお話しした当初から好意的に出版計画を進めてくださり、本書の構成から内容にいたるまで、的確なご助言を頂戴しました。学友の飯田真宏さんには、前著『親鸞と清沢満之——真宗教学における覚醒の考究』（春秋社）に続いて、校正作業に加えて貴重なご指摘を頂戴しました。教え子二名の方からも、ご感想をいただきました。また、松本三良記念福祉会（愛知県東海市、小林土岐子理事長）からは研究助成金の交付を受け、本書の出版をご支援くださいました。ここに記して、みなさまからたまわったご厚情に篤く御礼申し上げます。

そして、同朋大学では法話実習の時間をはじめとして、多くのことを学ばせていただきました。大学を急に辞することになり、在学生や教職員、関係者の方々には、大変なご迷惑をおかけしました。心よりお詫び申し上げます。しかし、以前から「法話のいろは」を書籍化したいと思っていましたが、生来の怠け者ゆえ、大学を辞めなければ本書を執筆する時間も気力も湧《わ》かなかったことでしょう。本書を公刊することで、お詫びの気持ちと学恩に対する謝意を、少しでも表すことができればと念ずるばかりです。

最後に、執筆活動を支えてくれた妻・紹子と母・佐和子、そして新しく増えた家族、娘・恵蓮にも、この場を借りて感謝します。

二〇二〇年九月

伊東恵深

伊東恵深（いとう　えしん）

1977年、京都府生まれ。大谷大学文学部真宗学科卒業。同大学院博士後期課程修了。

真宗大谷派親鸞仏教センター研究員、同朋大学文学部仏教学科専任講師、同准教授などを経て、現在、真宗大谷派西弘寺住職。博士（文学）。真宗大谷派擬講。

著書に、『教行信証大綱――曽我量深講義録　上』『真宗大綱――曽我量深講義録　下』（伊東慧明氏との共編、春秋社）、『親鸞と清沢満之――真宗教学における覚醒の考究』（春秋社）などがある。

法話のきほん

二〇二〇年一一月二〇日　初版第一刷発行
二〇二三年　一　月二五日　初版第三刷発行

著　者　伊東恵深
発行者　西村明高
発行所　株式会社　法藏館
京都市下京区正面通烏丸東入
郵便番号　六〇〇-八一五三
電話　〇七五-三四三-〇〇三〇（編集）
〇七五-三四三-五六五六（営業）

装幀者　濱崎実幸
印刷・製本　中村印刷株式会社

ISBN978-4-8318-8776-4 C0015